Notre-Dame de Paris

Victor Hugo

Livre VII

CONTENT

I

Du danger de confier son secret à une chèvre

II

Qu'un prêtre et un philosophe sont deux

III

Les cloches

IV

Ἀνάγκη

V

Les deux hommes vêtus de noir

VI

Effet que peuvent produire sept jurons en plein air

VII

Le Moine-Bourru

VIII

Utilité des fenêtres qui donnent sur la rivière

I

DU DANGER DE CONFIER
SON SECRET À UNE CHÈVRE

PLUSIEURS semaines s'étaient écoulées.

On était aux premiers jours de mars. Le soleil, que Dubartas, ce classique ancêtre de la périphrase, n'avait pas encore nommé le grand-duc des chandelles, n'en était pas moins joyeux et rayonnant pour cela. C'était une de ces journées de printemps qui ont tant de douceur et de beauté que tout Paris, répandu dans les places et les promenades, les fête comme des dimanches. Dans ces jours de clarté, de chaleur et de sérénité, il y a une certaine heure surtout où il faut admirer le portail de Notre-Dame. C'est le moment où le soleil, déjà incliné vers le couchant, regarde presque en face la cathédrale. Ses rayons, de plus en plus horizontaux, se retirent lentement du pavé de la place, et remontent le long de la façade à pic dont ils font saillir les mille rondes-bosses sur leur ombre, tandis que la grande rose centrale flamboie comme un oeil de cyclope enflammé des réverbérations de la forge.

On était à cette heure-là.

Vis-à-vis la haute cathédrale rougie par le couchant, sur le balcon de pierre pratiqué au-dessus du porche d'une riche maison gothique qui faisait l'angle de la place et de la rue du Parvis, quelques belles jeunes filles riaient et devisaient avec toute sorte de grâce et de folie. À la longueur du voile qui tombait, du sommet de leur coiffe pointue enroulée de perles, jusqu'à leurs talons, à la finesse de la chemisette brodée qui couvrait leurs épaules en laissant voir, selon la mode engageante d'alors, la naissance de leurs belles gorges de vierges, à l'opulence de leurs jupes de dessous, plus précieuses encore que leur surtout (recherche merveilleuse!), à la gaze, à la soie, au velours dont tout cela était étoffé, et surtout à la blancheur de leurs mains qui les attestait oisives et paresseuses, il était aisé de deviner de nobles et riches héritières. C'était en effet damoiselle Fleur-de-Lys de Gondelaurier et ses compagnes, Diane de Christeuil, Amelotte de Montmichel, Colombe de Gaillefontaine, et la petite de Champchevrier; toutes filles de bonne maison, réunies en ce moment chez la dame veuve de Gondelaurier, à cause de monseigneur de Beaujeu et de madame sa femme, qui devaient venir au mois d'avril à Paris, et y choisir des accompagneresses d'honneur pour madame la Dauphine Marguerite, lorsqu'on l'irait recevoir en Picardie des mains des flamands. Or, tous les hobereaux de trente lieues à la ronde briguaient cette faveur pour leurs filles, et bon nombre d'entre eux les avaient déjà amenées ou envoyées à Paris. Celles-ci avaient été confiées par leurs parents à la garde discrète et vénérable de madame Aloïse de Gondelaurier, veuve d'un ancien maître des arbalétriers du roi, retirée avec sa fille unique, en sa maison de la place du parvis Notre-Dame, à Paris.

Le balcon où étaient ces jeunes filles s'ouvrait sur une chambre richement tapissée d'un cuir de Flandre de couleur fauve imprimé à rinceaux d'or. Les solives qui rayaient parallèlement le plafond amusaient l'oeil par mille bizarres sculptures peintes et dorées. Sur des bahuts ciselés, de splendides émaux chatoyaient çà et là; une hure de sanglier en faïence couronnait un dressoir magnifique dont les deux degrés annonçaient que la maîtresse du logis était femme ou veuve d'un chevalier banneret.. Au fond, à côté d'une haute cheminée armoriée et blasonnée du haut en bas, était assise, dans un riche fauteuil de velours rouge, la dame de Gondelaurier, dont les cinquante-cinq ans n'étaient pas moins écrits sur son vêtement que sur son visage. À côté d'elle se tenait debout un jeune homme d'assez fière mine, quoique un peu vaine et bravache, un de ces beaux garçons dont toutes les femmes tombent d'accord, bien que les hommes graves et physionomistes en haussent les épaules. Ce jeune cavalier portait le brillant habit de capitaine des archers de l'ordonnance du roi, lequel ressemble beaucoup trop au costume de Jupiter, qu'on a déjà pu admirer au premier livre de cette histoire, pour que nous en fatiguions le lecteur d'une seconde description.

Les damoiselles étaient assises, partie dans la chambre, partie sur le balcon, les unes sur des carreaux de velours d'Utrecht à cornières d'or, les autres sur des escabeaux de bois de chêne sculptés à fleurs et à figures. Chacune d'elles tenait sur ses genoux un pan d'une grande tapisserie à l'aiguille, à laquelle elles travaillaient en commun, et dont un bon bout traînait sur la natte qui recouvrait le plancher.

Elles causaient entre elles avec cette voix chuchotante et ces demi-rires étouffés d'un conciliabule de jeunes filles au milieu desquelles il y a un jeune homme. Le jeune homme, dont la présence suffisait pour mettre en jeu tous ces amours-propres féminins, paraissait, lui, s'en soucier médiocrement; et tandis que c'était parmi les belles à qui attirerait son attention, il paraissait surtout occupé à fourbir avec son gant de peau de daim l'ardillon de son ceinturon.

De temps en temps la vieille dame lui adressait la parole tout bas, et il lui répondait de son mieux avec une sorte de politesse gauche et contrainte. Aux sourires, aux petits signes d'intelligence de madame Aloïse, aux clins d'yeux qu'elle détachait vers sa fille Fleur-de-Lys, en parlant bas au capitaine, il était facile de voir qu'il s'agissait de quelque fiançaille consommée, de quelque mariage prochain sans doute entre le jeune homme et Fleur-de-Lys. Et à la froideur embarrassée de l'officier, il était facile de voir que, de son côté du moins, il ne s'agissait plus d'amour. Toute sa mine exprimait une pensée de gêne et d'ennui que nos sous-lieutenants de garnison traduiraient admirablement aujourd'hui par: Quelle chienne de corvée!

La bonne dame, fort entêtée de sa fille, comme une pauvre mère qu'elle était, ne s'apercevait pas du peu d'enthousiasme de l'officier, et s'évertuait à lui faire remarquer tout bas les perfections infinies avec lesquelles Fleur-de-Lys piquait son aiguille ou dévidait son écheveau.

— Tenez, petit cousin, lui disait-elle en le tirant par la manche pour lui parler à l'oreille. Regardez-la donc! la voilà qui se baisse.

— En effet, répondait le jeune homme; et il retombait dans son silence distrait et glacial.

Un moment après, il fallait se pencher de nouveau, et dame Aloïse lui disait:

— Avez-vous jamais vu figure plus avenante et plus égayée que votre accordée? Est-on plus blanche et plus blonde? ne sont-ce pas là des mains accomplies? et ce cou-là, ne prend-il pas, à ravir, toutes les façons d'un cygne? Que je vous envie par moments! et que vous êtes heureux d'être homme, vilain libertin que vous êtes! N'est-ce pas que ma Fleur-de-Lys est belle par adoration et que vous en êtes éperdu?

— Sans doute, répondait-il tout en pensant à autre chose.

— Mais parlez-lui donc, dit tout à coup madame Aloïse en le poussant par l'épaule. Dites-lui donc quelque chose. Vous êtes devenu bien timide.

Nous pouvons affirmer à nos lecteurs que la timidité n'était ni la vertu ni le défaut du capitaine. Il essaya pourtant de faire ce qu'on lui demandait.

– Belle cousine, dit-il en s'approchant de Fleur-de-Lys, quel est le sujet de cet ouvrage de tapisserie que vous façonnez?

– Beau cousin, répondit Fleur-de-Lys avec un accent de dépit, je vous l'ai déjà dit trois fois. C'est la grotte de Neptunus.

Il était évident que Fleur-de-Lys voyait beaucoup plus clair que sa mère aux manières froides et distraites du capitaine. Il sentit la nécessité de faire quelque conversation.

– Et pour qui toute cette neptunerie? demanda-t-il.

– Pour l'abbaye Saint-Antoine des Champs, dit Fleur-de-Lys sans lever les yeux.

Le capitaine prit un coin de la tapisserie:

– Qu'est-ce que c'est, ma belle cousine, que ce gros gendarme qui souffle à pleines joues dans une trompette?

– C'est Trito, répondit-elle.

Il y avait toujours une intonation un peu boudeuse dans les brèves paroles de Fleur-de-Lys. Le jeune homme comprit qu'il était indispensable de lui dire quelque chose à l'oreille, une fadaise, une galanterie, n'importe quoi. Il se pencha donc, mais il ne put rien trouver dans son imagination de plus tendre et de plus intime que ceci: – Pourquoi votre mère porte-t-elle toujours une cotte-hardie armoriée comme nos grand'mères du temps de Charles VII? Dites-lui donc, belle cousine, que ce n'est plus l'élégance d'à présent, et que son gond et son laurier brodés en blason sur sa robe lui donnent l'air d'un manteau de cheminée qui marche. En vérité, on ne s'assied plus ainsi sur sa bannière, je vous jure.

Fleur-de-Lys leva sur lui ses beaux yeux pleins de reproche: – Est-ce là tout ce que vous me jurez? dit-elle à voix basse.

Cependant la bonne dame Aloïse, ravie de les voir ainsi penchés et chuchotant, disait en jouant avec les fermoirs de son livre d'heures: – Touchant tableau d'amour!

Le capitaine, de plus en plus gêné, se rabattit sur la tapisserie: – C'est vraiment un charmant travail! s'écria-t-il.

À ce propos, Colombe de Gaillefontaine, une autre belle blonde à peau blanche, bien colletée de damas bleu, hasarda timidement une parole qu'elle adressa à. Fleur-de-Lys, dans l'espoir que le beau capitaine y répondrait: – Ma chère Gondelaurier, avez-vous vu les tapisseries de l'hôtel de la Roche-Guyon?

– N'est-ce pas l'hôtel où est enclos le jardin de la Lingère du Louvre? demanda en riant Diane de Christeuil, qui avait de belles dents et par conséquent riait à tout propos.

– Et où il y a cette grosse vieille tour de l'ancienne muraille de Paris, ajouta Amelotte de Montmichel, jolie brune bouclée et fraîche, qui avait l'habitude de soupirer comme l'autre riait, sans savoir pourquoi.

– Ma chère Colombe, reprit dame Aloïse, voulez-vous pas parler de l'hôtel qui était à monsieur de Bacqueville, sous le roi Charles VI? il y a en effet de bien superbes tapisseries de haute lice.

– Charles VI! le roi Charles VI! grommela le jeune capitaine en retroussant sa moustache. Mon Dieu! que la bonne dame a souvenir de vieilles choses!

Madame de Gondelaurier poursuivait: – Belles tapisseries, en vérité. Un travail si estimé qu'il passe pour singulier!

En ce moment, Bérangère de Champchevrier, svelte petite fille de sept ans, qui regardait dans la place par les trèfles du balcon, s'écria: – Oh! voyez, belle marraine Fleur-de-Lys, la jolie danseuse qui danse là sur le pavé, et qui tambourine au milieu des bourgeois manants!

En effet, on entendait le frissonnement sonore d'un tambour de basque.

– Quelque égyptienne de Bohême, dit Fleur-de-Lys en se détournant nonchalamment vers la place.

– Voyons! voyons! crièrent ses vives compagnes; et elles coururent toutes au bord du balcon, tandis que Fleur-de-Lys, rêveuse de la froideur de son fiancé, les suivait lentement et que celui-ci, soulagé par cet incident qui coupait court à une conversation embarrassée, s'en revenait au fond de l'appartement de l'air satisfait d'un soldat relevé de service. C'était pourtant un charmant et gentil service que celui de la belle Fleur-de-Lys, et il lui avait paru tel autrefois; mais le capitaine s'était blasé peu à peu; la perspective d'un mariage prochain le refroidissait davantage de jour en jour. D'ailleurs, il était d'humeur inconstante et, faut-il le dire? de goût un peu vulgaire. Quoique de fort noble naissance, il avait contracté sous le harnois plus d'une habitude de soudard. La taverne lui plaisait, et ce qui s'ensuit. Il n'était à l'aise que parmi les gros mots, les galanteries militaires, les faciles beautés et les faciles succès. Il avait pourtant reçu de sa famille quelque éducation et quelques manières; mais il avait trop jeune couru le pays, trop jeune tenu garnison, et tous les jours le vernis du gentilhomme s'effaçait au dur frottement de son baudrier de gendarme. Tout en la visitant encore de temps en temps, par un reste de respect humain, il se sentait doublement gêné chez Fleur-de-Lys; d'abord, parce qu'à force de disperser son amour dans toutes sortes de lieux il en avait fort peu réservé pour elle; ensuite, parce qu'au milieu de tant de belles dames roides, épinglées et décentes, il tremblait sans cesse que sa bouche habituée aux jurons ne prît tout d'un coup le mors aux dents et ne s'échappât en propos de taverne. Qu'on se figure le bel effet!

Du reste, tout cela se mêlait chez lui à de grandes prétentions d'élégance, de toilette et de belle mine. Qu'on arrange ces choses comme on pourra. Je ne suis qu'historien.

Il se tenait donc depuis quelques moments, pensant ou ne pensant pas, appuyé en silence au chambranle sculpté de la cheminée, quand Fleur-de-Lys, se tournant soudain, lui adressa la parole. Après tout, la pauvre jeune fille ne le boudait qu'à son coeur défendant.

– Beau cousin, ne nous avez-vous pas parlé d'une petite bohémienne que vous avez sauvée, il y a deux mois, en faisant le contre-guet la nuit, des mains d'une douzaine de voleurs?

– Je crois que oui, belle cousine, dit le capitaine.

– Eh bien, reprit-elle, c'est peut-être cette bohémienne qui danse là dans le parvis. Venez voir si vous la reconnaissez, beau cousin Phoebus.

Il perçait un secret désir de réconciliation dans cette douce invitation qu'elle lui adressait de venir près d'elle, et dans ce soin de l'appeler par son nom. Le capitaine Phoebus de Châteaupers (car c'est lui que le lecteur a sous les yeux depuis le commencement de ce chapitre) s'approcha à pas lents du balcon. – Tenez, lui dit Fleur-de-Lys en posant tendrement sa main sur le bras de Phoebus, regardez cette petite qui danse là dans ce rond. Est-ce votre bohémienne?

Phoebus regarda, et dit:

– Oui, je la reconnais à sa chèvre.

– Oh! la jolie petite chèvre en effet! dit Amelotte en joignant les mains d'admiration.

– Est-ce que ses cornes sont en or de vrai? demanda Bérangère.

Sans bouger de son fauteuil, dame Aloïse prit la parole: – N'est-ce pas une de ces bohémiennes qui sont arrivées l'an passé par la Porte Gibard?

– Madame ma mère, dit doucement Fleur-de-Lys, cette porte s'appelle aujourd'hui Porte d'Enfer.

Mademoiselle de Gondelaurier savait à quel point le capitaine était choqué des façons de parler surannées de sa mère. En effet, il commençait à ricaner en disant entre ses dents: – Porte Gibard! Porte Gibard! C'est pour faire passer le roi Charles VI!

– Marraine, s'écria Bérangère dont les yeux sans cesse en mouvement s'étaient levés tout à coup vers le sommet des tours de Notre-Dame, qu'est-ce que c'est que cet homme noir qui est là haut?

Toutes les jeunes filles levèrent les yeux. Un homme en effet était accoudé sur la balustrade culminante de la tour septentrionale, donnant sur la Grève. C'était un prêtre. On distinguait nettement son costume, et son visage appuyé sur ses deux mains. Du reste, il ne bougeait non plus qu'une statue. Son oeil fixe plongeait dans la place.

C'était quelque chose de l'immobilité d'un milan qui vient de découvrir un nid de moineaux et qui le regarde.

– C'est monsieur l'archidiacre de Josas, dit Fleur-de-Lys.

– Vous avez de bons yeux si vous le reconnaissez d'ici! observa la Gaillefontaine.

– Comme il regarde la petite danseuse! reprit Diane de Christeuil.

– Gare à l'égyptienne! dit Fleur-de-Lys, car il n'aime pas l'Égypte.

– C'est bien dommage que cet homme la regarde ainsi, ajouta Amelotte de Montmichel, car elle danse à éblouir.

– Beau cousin Phoebus, dit tout à coup Fleur-de-Lys, puisque vous connaissez cette petite bohémienne, faites-lui donc signe de monter. Cela nous amusera.

– Oh oui! s'écrièrent toutes les jeunes filles en battant des mains.

– Mais c'est une folie, répondit Phoebus. Elle m'a sans doute oublié, et je ne sais seulement pas son nom. Cependant, puisque vous le souhaitez, mesdamoiselles, je vais essayer. Et se penchant à la balustrade du balcon, il se mit à crier: – Petite!

La danseuse ne tambourinait pas en ce moment. Elle tourna la tête vers le point d'où lui venait cet appel, son regard brillant se fixa sur Phoebus, et elle s'arrêta tout court.

– Petite! répéta le capitaine; et il lui fit signe du doigt de venir.

La jeune fille le regarda encore, puis elle rougit comme si une flamme lui était montée dans les joues, et, prenant son tambourin sous son bras, elle se dirigea, à travers les spectateurs ébahis, vers la porte de la maison où Phoebus l'appelait, à pas lents, chancelante, et avec le regard troublé d'un oiseau qui cède à la fascination d'un serpent.

Un moment après, la portière de tapisserie se souleva, et la bohémienne parut sur le seuil de la chambre, rouge, interdite, essoufflée, ses grands yeux baissés, et n'osant faire un pas de plus.

Bérangère battit des mains.

Cependant la danseuse restait immobile sur le seuil de la porte. Son apparition avait produit sur ce groupe de jeunes filles un effet singulier. Il est certain qu'un vague et indistinct désir de plaire au bel officier les animait toutes à la fois, que le splendide uniforme était le point de mire de toutes leurs coquetteries, et que, depuis qu'il était présent, il y avait entre elles une certaine rivalité secrète, sourde, qu'elles s'avouaient à peine à elles-mêmes, et qui n'en éclatait pas moins à chaque instant dans leurs gestes et leurs propos. Néanmoins, comme elles étaient toutes à peu près dans la même mesure de beauté, elles luttaient à armes égales, et chacune pouvait espérer la victoire. L'arrivée de la bohémienne rompit brusquement cet équilibre. Elle était d'une beauté si rare qu'au moment où elle parut à l'entrée de l'appartement il sembla qu'elle y répandait une sorte de lumière qui lui était propre. Dans cette chambre resserrée, sous ce sombre encadrement de tentures et de boiseries, elle était incomparablement plus belle et plus rayonnante que dans la place publique. C'était comme un flambeau qu'on venait d'apporter du grand jour dans l'ombre. Les nobles damoiselles en furent malgré elles éblouies. Chacune se sentit en quelque sorte blessée dans sa beauté. Aussi leur front de bataille, qu'on nous passe l'expression, changea-t-il sur-le-champ, sans qu'elles se disent un seul mot. Mais elles s'entendaient à merveille. Les instincts de femmes se comprennent et se répondent plus vite que les intelligences d'hommes. Il venait de leur arriver une ennemie: toutes le sentaient, toutes se ralliaient. Il suffit d'une goutte de vin pour rougir tout un verre d'eau; pour teindre d'une certaine humeur toute une assemblée de jolies femmes, il suffit de la survenue d'une femme plus jolie, – surtout lorsqu'il n'y a qu'un homme.

Aussi l'accueil fait à la bohémienne fut-il merveilleusement glacial. Elles la considérèrent du haut en bas, puis s'entre-regardèrent, et tout fut dit. Elles s'étaient comprises. Cependant la jeune fille attendait qu'on lui parlât, tellement émue qu'elle n'osait lever les paupières.

Le capitaine rompit le silence le premier. – Sur ma parole, dit-il avec son ton d'intrépide fatuité, voilà une charmante créature! Qu'en pensez-vous, belle cousine?

Cette observation, qu'un admirateur plus délicat eût du moins faite à voix basse, n'était pas de nature à dissiper les jalousies féminines qui se tenaient en observation devant la bohémienne.

Fleur-de-Lys répondit au capitaine avec une doucereuse affectation de dédain: – Pas mal.

Les autres chuchotaient.

Enfin, madame Aloïse, qui n'était pas la moins jalouse, parce qu'elle l'était pour sa fille, adressa la parole à la danseuse: – Approchez, petite.

– Approchez, petite! répéta avec une dignité comique Bérangère, qui lui fût venue à la hanche. L'égyptienne s'avança vers la noble dame.

– Belle enfant, dit Phoebus avec emphase en faisant de son côté quelques pas vers elle, je ne sais si j'ai le suprême bonheur d'être reconnu de vous...

Elle l'interrompit en levant sur lui un sourire et un regard pleins d'une douceur infinie:

– Oh! oui, dit-elle.

– Elle a bonne mémoire, observa Fleur-de-Lys.

– Or çà, reprit Phoebus, vous vous êtes bien prestement échappée l'autre soir. Est-ce que je vous fais peur?

– Oh! non, dit la bohémienne.

Il y avait, dans l'accent dont cet oh! non fut prononcé à la suite de cet oh! oui, quelque chose d'ineffable dont Fleur-de-Lys fut blessée.

– Vous m'avez laissé en votre lieu, ma belle, poursuivit le capitaine dont la langue se déliait en parlant à une fille des rues, un assez rechigné drôle, borgne et bossu, le sonneur de cloches de l'évêque, à ce que je crois. On m'a dit qu'il était bâtard d'un archidiacre et diable de naissance. Il a un plaisant nom, il s'appelle Quatre-Temps, Pâques-Fleuries, Mardi-Gras, je ne sais plus! Un nom de fête carillonnée, enfin! Il se permettait donc de vous enlever, comme si vous étiez faite pour des bedeaux! cela est fort. Que diable vous voulait-il donc, ce chat-huant? Hein, dites!

– Je ne sais, répondit-elle.

– Conçoit-on l'insolence! un sonneur de cloches enlever une fille, comme un vicomte! un manant braconner sur le gibier des gentilshommes! Voilà qui est rare. Au demeurant, il l'a payé cher. Maître Pierrat Torterue est le plus rude palefrenier qui ait jamais étrillé un maraud, et je vous dirai, si cela peut vous être agréable, que le cuir de votre sonneur lui a galamment passé par les mains.

– Pauvre homme! dit la bohémienne chez qui ces paroles ravivaient le souvenir de la scène du pilori.

Le capitaine éclata de rire. – Corne-de-boeuf! voilà de la pitié aussi bien placée qu'une plume au cul d'un porc! Je veux être ventru comme un pape, si...

Il s'arrêta tout court. – Pardon, mesdames! je crois que j'allais lâcher quelque sottise.

– Fi, monsieur! dit la Gaillefontaine.

– Il parle sa langue à cette créature! ajouta à demi-voix Fleur-de-Lys, dont le dépit croissait de moment en moment. Ce dépit ne diminua point quand elle vit le capitaine, enchanté de la bohémienne et surtout de lui-même, pirouetter sur le talon en répétant avec une grosse galanterie naïve et soldatesque: – Une belle fille, sur mon âme!

– Assez sauvagement vêtue, dit Diane de Christeuil, avec son rire de belles dents.

Cette réflexion fut un trait de lumière pour les autres. Elle leur fit voir le côté attaquable de l'égyptienne. Ne pouvant mordre sur sa beauté, elles se jetèrent sur son costume.

– Mais cela est vrai, petite, dit la Montmichel, où as-tu pris de courir ainsi par les rues sans guimpe ni gorgerette?

– Voilà une jupe courte à faire trembler, ajouta la Gaillefontaine.

– Ma chère, poursuivit assez aigrement Fleur-de-Lys, vous vous ferez ramasser par les sergents de la douzaine pour votre ceinture dorée.

– Petite, petite, reprit la Christeuil avec un sourire implacable, si tu mettais honnêtement une manche sur ton bras, il serait moins brûlé par le soleil.

C'était vraiment un spectacle digne d'un spectateur plus intelligent que Phoebus, de voir comme ces belles filles, avec leurs langues envenimées et irritées, serpentaient, glissaient et se tordaient autour de la danseuse des rues. Elles étaient cruelles et gracieuses. Elles fouillaient, elles furetaient malignement de la parole dans sa pauvre et folle toilette de paillettes et d'oripeaux. C'étaient des rires, des ironies, des humiliations sans fin. Les sarcasmes pleuvaient sur l'égyptienne, et la bienveillance hautaine, et les regards méchants. On eût cru voir de ces jeunes dames romaines qui s'amusaient à enfoncer des épingles d'or dans le sein d'une belle esclave. On eût dit d'élégantes levrettes chasseresses tournant, les narines ouvertes, les yeux ardents, autour d'une pauvre biche des bois que le regard du maître leur interdit de dévorer.

Qu'était-ce, après tout, devant ces filles de grande maison, qu'une misérable danseuse de place publique! Elles ne semblaient tenir aucun compte de sa présence, et parlaient d'elle, devant elle, à elle-même, à haute voix, comme de quelque chose d'assez malpropre, d'assez abject et d'assez joli.

La bohémienne n'était pas insensible à ces piqûres d'épingle. De temps en temps une pourpre de honte, un éclair de colère enflammait ses yeux ou ses joues; une parole dédaigneuse semblait hésiter sur ses lèvres; elle faisait avec mépris cette petite grimace que le lecteur lui connaît; mais elle se taisait. Immobile, elle attachait sur Phoebus un regard résigné, triste et doux. Il y avait aussi du bonheur et de la tendresse dans ce regard. On eût dit qu'elle se contenait, de peur d'être chassée.

Phoebus, lui, riait, et prenait le parti de la bohémienne avec un mélange d'impertinence et de pitié.

– Laissez-les dire, petite! répétait-il en faisant sonner ses éperons d'or, sans doute, votre toilette est un peu extravagante et farouche; mais, charmante fille comme vous êtes, qu'est-ce que cela fait?.

– Mon Dieu! s'écria la blonde Gaillefontaine, en redressant son cou de cygne avec un sourire amer, je vois que messieurs les archers de l'ordonnance du roi prennent aisément feu aux beaux yeux égyptiens.

– Pourquoi non? dit Phoebus.

À cette réponse, nonchalamment jetée par le capitaine comme une pierre perdue qu'on ne regarde même pas tomber, Colombe se prit à rire, et Diane, et Amelotte, et Fleur-de-Lys, à qui il vint en même temps une larme dans les yeux.

La bohémienne, qui avait baissé à terre son regard aux paroles de Colombe de Gaillefontaine, le releva rayonnant de joie et de fierté, et le fixa de nouveau sur Phoebus. Elle était bien belle en ce moment.

La vieille dame, qui observait cette scène, se sentait offensée et ne comprenait pas.

– Sainte Vierge! cria-t-elle tout à coup, qu'ai-je donc là qui me remue dans les jambes? Ahi! la vilaine bête!

C'était la chèvre qui venait d'arriver à la recherche de sa maîtresse, et qui, en se précipitant vers elle, avait commencé par embarrasser ses cornes dans le monceau d'étoffe que les vêtements de la noble dame entassaient sur ses pieds quand elle était assise.

Ce fut une diversion. La bohémienne, sans dire une parole, la dégagea.

– Oh! voilà la petite chevrette qui a des pattes d'or! s'écria Bérangère en sautant de joie.

La bohémienne s'accroupit à genoux, et appuya contre sa joue la tête caressante de la chèvre. On eût dit qu'elle lui demandait pardon de l'avoir quittée ainsi.

Cependant Diane s'était penchée à l'oreille de Colombe.

– Eh! mon Dieu! comment n'y ai-je pas songé plus tôt? C'est la bohémienne à la chèvre. On la dit sorcière, et que sa chèvre fait des momeries très miraculeuses.

– Eh bien, dit Colombe, il faut que la chèvre nous divertisse à son tour, et nous fasse un miracle.

Diane et Colombe s'adressèrent vivement à l'égyptienne: – Petite, fais donc faire un miracle à ta chèvre.

– Je ne sais ce que vous voulez dire, répondit la danseuse.

– Un miracle, une magie, une sorcellerie enfin.

– Je ne sais. Et elle se remit à caresser la jolie bête en répétant: – Djali! Djali!

En ce moment Fleur-de-Lys remarqua un sachet de cuir brodé suspendu au cou de la chèvre. – Qu'est-ce que cela? demanda-t-elle à l'égyptienne.

L'égyptienne leva ses grands yeux vers elle, et lui répondit gravement: – C'est mon secret.

– Je voudrais bien savoir ce que c'est que ton secret, pensa Fleur-de-Lys.

Cependant la bonne dame s'était levée avec humeur. – Or çà, la bohémienne, si toi ni ta chèvre n'avez rien à nous danser, que faites-vous céans?

La bohémienne, sans répondre, se dirigea lentement vers la porte. Mais plus elle en approchait, plus son pas se ralentissait. Un invincible aimant semblait la retenir. Tout à coup elle tourna ses yeux humides de larmes sur Phoebus, et s'arrêta.

– Vrai Dieu! s'écria le capitaine, on ne s'en va pas ainsi. Revenez, et dansez-nous quelque chose. À propos, belle d'amour, comment vous appelez-vous?

– La Esmeralda, dit la danseuse sans le quitter du regard.

À ce nom étrange, un fou rire éclata parmi les jeunes filles.

– Voilà, dit Diane, un terrible nom pour une demoiselle!

– Vous voyez bien, reprit Amelotte, que c'est une charmeresse.

– Ma chère, s'écria solennellement dame Aloïse, vos parents ne vous ont pas pêché ce nom-là dans le bénitier du baptême.

Cependant, depuis quelques minutes, sans qu'on fît attention à elle, Bérangère avait attiré la chèvre dans un coin de la chambre avec un massepain. En un instant, elles avaient été toutes deux bonnes amies. La curieuse enfant avait détaché le sachet suspendu au cou de la chèvre, l'avait ouvert, et avait vidé sur la natte ce qu'il contenait. C'était un alphabet dont chaque lettre était inscrite séparément sur une petite tablette de buis. À peine ces joujoux furent-ils étalés sur la natte que l'enfant vit avec surprise la chèvre, dont c'était là sans doute un des miracles, tirer certaines lettres avec sa patte d'or et les disposer, en les poussant doucement, dans un ordre particulier. Au bout d'un instant, cela fit un mot que la chèvre semblait exercée à écrire, tant elle hésita peu à le former, et Bérangère s'écria tout à coup en joignant les mains avec admiration:

– Marraine Fleur-de-Lys, voyez donc ce que la chèvre vient de faire!

Fleur-de-Lys accourut et tressaillit. Les lettres disposées sur le plancher formaient ce mot:

Phoebus.

– C'est la chèvre qui a écrit cela? demanda-t-elle d'une voix altérée.

– Oui, marraine, répondit Bérangère.

Il était impossible d'en douter; l'enfant ne savait pas écrire.

– Voilà le secret! pensa Fleur-de-Lys.

Cependant, au cri de l'enfant, tout le monde était accouru, et la mère, et les jeunes filles, et la bohémienne, et l'officier.

La bohémienne vit la sottise que venait de faire la chèvre. Elle devint rouge, puis pâle, et se mit à trembler comme une coupable devant le capitaine, qui la regardait avec un sourire de satisfaction et d'étonnement.

– Phoebus! chuchotaient les jeunes filles stupéfaites, c'est le nom du capitaine!

– Vous avez une merveilleuse mémoire! dit Fleur-de-Lys à la bohémienne pétrifiée. Puis éclatant en sanglots: – Oh! balbutia-t-elle douloureusement en se cachant le visage de ses deux belles mains, c'est une magicienne! Et elle entendait une voix plus amère encore lui dire au fond du coeur: C'est une rivale!

Elle tomba évanouie.

– Ma fille! ma fille! cria la mère effrayée. Va-t'en, bohémienne de l'enfer!

La Esmeralda ramassa en un clin d'oeil les malencontreuses lettres, fit signe à Djali, et sortit par une porte, tandis qu'on emportait Fleur-de-Lys par l'autre.

Le capitaine Phoebus, resté seul, hésita un moment entre les deux portes; puis il suivit la bohémienne.

II

QU'UN PRÊTRE ET UN
PHILOSOPHE SONT DEUX

LE prêtre que les jeunes filles avaient remarqué au haut de la tour septentrionale penché sur la place et si attentif à la danse de la bohémienne, c'était en effet l'archidiacre Claude Frollo.

Nos lecteurs n'ont pas oublié la cellule mystérieuse que l'archidiacre s'était réservée dans cette tour. (Je ne sais, pour le dire en passant, si ce n'est pas la même dont on peut voir encore aujourd'hui l'intérieur par une petite lucarne carrée, ouverte au levant à hauteur d'homme, sur la plate-forme d'où s'élancent les tours: un bouge, à présent nu, vide et délabré, dont les murs mal plâtrés sont ornés çà et là, à l'heure qu'il est, de quelques méchantes gravures jaunes représentant des façades de cathédrales. Je présume que ce trou est habité concurremment par les chauves-souris et les araignées, et que par conséquent il s'y fait aux mouches une double guerre d'extermination.)

Tous les jours, une heure avant le coucher du soleil, l'archidiacre montait l'escalier de la tour, et s'enfermait dans cette cellule, où il passait quelquefois des nuits entières. Ce jour-là, au moment où, parvenu devant la porte basse du réduit, il mettait dans la serrure la petite clef compliquée qu'il portait toujours sur lui dans l'escarcelle pendue à son côté, un bruit de tambourin et de castagnettes était arrivé à son oreille. Ce bruit venait de la place du Parvis. La cellule, nous l'avons déjà dit, n'avait qu'une lucarne donnant sur la croupe de l'église. Claude Frollo avait repris précipitamment la clef, et un instant après il était sur le sommet de la tour, dans l'attitude sombre et recueillie où les damoiselles l'avaient aperçu.

Il était là, grave, immobile, absorbé dans un regard et dans une pensée. Tout Paris était sous ses pieds, avec les mille flèches de ses édifices et son circulaire horizon de molles collines, avec son fleuve qui serpente sous ses ponts et son peuple qui ondule dans ses rues, avec le nuage de ses fumées, avec la chaîne montueuse de ses toits qui presse Notre-Dame de ses mailles redoublées. Mais dans toute cette ville, l'archidiacre ne regardait qu'un point du pavé: la place du Parvis; dans toute cette foule, qu'une figure: la bohémienne.

Il eût été difficile de dire de quelle nature était ce regard, et d'où venait la flamme qui en jaillissait. C'était un regard fixe, et pourtant plein de trouble et de tumulte. Et à l'immobilité profonde de tout son corps, à peine agité par intervalles d'un frisson machinal, comme un arbre au vent, à la roideur de ses coudes plus marbre que la rampe où ils s'appuyaient, à voir le sourire pétrifié qui contractait son visage, on eût dit qu'il n'y avait plus dans Claude Frollo que les yeux de vivant.

La bohémienne dansait. Elle faisait tourner son tambourin à la pointe de son doigt, et le jetait en l'air en dansant des sarabandes provençales; agile, légère, joyeuse et ne sentant pas le poids du regard redoutable qui tombait à plomb sur sa tête.

La foule fourmillait autour d'elle; de temps en temps, un homme accoutré d'une casaque jaune et rouge faisait faire le cercle, puis revenait s'asseoir sur une chaise à quelques pas de la danseuse, et prenait la tête de la chèvre sur ses genoux. Cet homme semblait être le compagnon de la bohémienne. Claude Frollo, du point élevé où il était placé, ne pouvait distinguer ses traits.

Du moment où l'archidiacre eut aperçu cet inconnu, son attention sembla se partager entre la danseuse et lui, et son visage devint de plus en plus sombre. Tout à coup il se redressa, et un tremblement parcourut tout son corps: Qu'est-ce que c'est que cet homme? dit-il entre ses dents, je l'avais toujours vue seule!

Alors il se replongea sous la voûte tortueuse de l'escalier en spirale, et redescendit. En passant devant la porte de la sonnerie qui était entr'ouverte, il vit une chose qui le frappa, il vit Quasimodo qui, penché à une ouverture de ces auvents d'ardoises qui ressemblent à d'énormes jalousies, regardait aussi lui, dans la place. Il était en proie à une contemplation si profonde qu'il ne prit pas garde au passage de son père adoptif. Son oeil sauvage avait une expression singulière. C'était un regard charmé et doux. – Voilà qui est étrange! murmura Claude. Est-ce que c'est l'égyptienne qu'il regarde ainsi? – Il continua de descendre. Au bout de quelques minutes, le soucieux archidiacre sortit dans la place par la porte qui est au bas de la tour.

– Qu'est donc devenue la bohémienne? dit-il en se mêlant au groupe de spectateurs que le tambourin avait amassés.

– Je ne sais, répondit un de ses voisins, elle vient de disparaître. Je crois qu'elle est allée faire quelque fandangue dans la maison en face, où ils l'ont appelée.

À la place de l'égyptienne, sur ce même tapis dont les arabesques s'effaçaient le moment d'auparavant sous le dessin capricieux de sa danse, l'archidiacre ne vit plus que l'homme rouge et jaune, qui, pour gagner à son tour quelques testons, se promenait autour du cercle, les coudes sur les hanches, la tête renversée, la face rouge, le cou tendu, avec une chaise entre les dents. Sur cette chaise, il avait attaché un chat qu'une voisine avait prêté et qui jurait fort effrayé.

– Notre-Dame! s'écria l'archidiacre au moment où le saltimbanque, suant à grosses gouttes, passa devant lui avec sa pyramide de chaise et de chat, que fait là maître Pierre Gringoire?

La voix sévère de l'archidiacre frappa le pauvre diable d'une telle commotion qu'il perdit l'équilibre avec tout son édifice, et que la chaise et le chat tombèrent pêle-mêle sur la tête des assistants, au milieu d'une huée inextinguible.

Il est probable que maître Pierre Gringoire (car c'était bien lui) aurait eu un fâcheux compte à solder avec la voisine au chat, et toutes les faces contuses et égratignées qui l'entouraient, s'il ne se fût hâté de profiter du tumulte pour se réfugier dans l'église, où Claude Frollo lui avait fait signe de le suivre.

La cathédrale était déjà obscure et déserte. Les contre-nefs étaient pleines de ténèbres, et les lampes des chapelles commençaient à s'étoiler, tant les voûtes devenaient noires. Seulement la grande rose de la façade, dont les mille couleurs étaient trempées d'un rayon de soleil horizontal, reluisait dans l'ombre comme un fouillis de diamants et répercutait à l'autre bout de la nef son spectre éblouissant.

Quand ils eurent fait quelques pas, dom Claude s'adossa à un pilier et regarda Gringoire fixement. Ce regard n'était pas celui que Gringoire craignait, honteux qu'il était d'avoir été surpris par une personne grave et docte dans ce costume de baladin. Le coup d'oeil du prêtre n'avait rien de moqueur et d'ironique; il était sérieux, tranquille et perçant. L'archidiacre rompit le silence le premier.

– Venez çà, maître Pierre. Vous m'allez expliquer bien des choses. Et d'abord, d'où vient qu'on ne vous a pas vu depuis tantôt deux mois et qu'on vous retrouve dans les carrefours, en bel équipage, vraiment! mi-parti de jaune et de rouge comme une pomme de Caudebec?

– Messire, dit piteusement Gringoire, c'est en effet un prodigieux accoutrement, et vous m'en voyez plus penaud qu'un chat coiffé d'une calebasse. C'est bien mal fait, je le sens, d'exposer messieurs les sergents du guet à bâtonner sous cette casaque l'humérus d'un philosophe pythagoricien. Mais que voulez-vous, mon révérend maître? la faute en est à mon ancien justaucorps qui m'a lâchement abandonné au commencement de l'hiver, sous prétexte qu'il tombait en loques et qu'il avait besoin de s'aller reposer dans la hotte du chiffonnier. Que faire? la civilisation n'en est pas encore arrivée au point que l'on puisse aller tout nu, comme le voulait l'ancien Diogénès. Ajoutez qu'il ventait un vent très froid, et ce n'est pas au mois de janvier qu'on peut essayer avec succès de faire faire ce nouveau pas à l'humanité. Cette casaque s'est présentée. Je l'ai prise, et j'ai laissé là ma vieille souquenille noire, laquelle, pour un hermétique comme moi, était fort peu hermétiquement close. Me voilà donc en habit d'histrion, comme saint Genest. Que voulez-vous? c'est une éclipse. Apollo a bien gardé les gorrines chez Admétès.

– Vous faites là un beau métier! reprit l'archidiacre.

– Je conviens, mon maître, qu'il vaut mieux philosopher et poétiser, souffler la flamme dans le fourneau ou la recevoir du ciel, que de porter des chats sur le pavois. Aussi quand vous m'avez apostrophé ai-je été aussi sot qu'un âne devant un tourne-broche. Mais que voulez-vous, messire? il faut vivre tous les jours, et les plus beaux vers alexandrins ne valent pas sous la dent un morceau de fromage de Brie. Or, j'ai fait pour madame Marguerite de Flandre ce fameux épithalame que vous savez, et la ville ne me le paie pas, sous prétexte qu'il n'était pas excellent, comme si l'on pouvait donner pour quatre écus une tragédie de Sophoclès. J'allais donc mourir de faim. Heureusement je me suis trouvé un peu fort du côté de la mâchoire, et je lui ai dit à cette mâchoire: – Fais des tours de force et d'équilibre, nourris-toi toi-même. Ale te ipsam. Un tas de gueux, qui sont devenus mes bons amis, m'ont appris vingt sortes de tours herculéens, et maintenant je donne tous les soirs à mes dents le pain qu'elles ont gagné dans la journée à la sueur de mon front. Après tout, concedo, je concède que c'est un triste emploi de mes facultés intellectuelles, et que l'homme n'est pas fait pour passer sa vie à tambouriner et à mordre des chaises. Mais, révérend maître, il ne suffit pas de passer sa vie, il faut la gagner.

Dom Claude écoutait en silence. Tout à coup son oeil enfoncé prit une telle expression sagace et pénétrante que Gringoire se sentit pour ainsi dire fouillé jusqu'au fond de l'âme par ce regard.

– Fort bien, maître Pierre, mais d'où vient que vous êtes maintenant en compagnie de cette danseuse d'Égypte?

– Ma foi! dit Gringoire, c'est qu'elle est ma femme et que je suis son mari.

L'oeil ténébreux du prêtre s'enflamma.

– Aurais-tu fais cela, misérable? cria-t-il en saisissant avec fureur le bras de Gringoire; aurais-tu été assez abandonné de Dieu pour porter la main sur cette fille?

– Sur ma part de paradis, monseigneur, répondit Gringoire tremblant de tous ses membres, je vous jure que je ne l'ai jamais touchée, si c'est là ce qui vous inquiète.

– Et que parles-tu donc de mari et de femme? dit le prêtre.

Gringoire se hâta de lui conter le plus succinctement possible tout ce que le lecteur sait déjà, son aventure de la Cour des Miracles et son mariage au pot cassé. Il paraît du reste que ce mariage n'avait eu encore aucun résultat, et que chaque soir la bohémienne lui escamotait sa nuit de noces comme le premier jour. – C'est un déboire, dit-il en terminant, mais cela tient à ce que j'ai eu le malheur d'épouser une vierge.

– Que voulez-vous dire? demanda l'archidiacre, qui s'était apaisé par degrés à ce récit.

– C'est assez difficile à expliquer, répondit le poète. C'est une superstition. Ma femme est, à ce que m'a dit un vieux peigre qu'on appelle chez nous le duc d'Égypte, un enfant trouvé, ou perdu, ce qui est la même chose. Elle porte au cou une amulette qui, assure-t-on, lui fera un jour rencontrer ses parents, mais qui perdrait sa vertu si la jeune fille perdait la sienne. Il suit de là que nous demeurons tous deux très vertueux.

– Donc, reprit Claude dont le front s'éclaircissait de plus en plus, vous croyez, maître Pierre, que cette créature n'a été approchée d'aucun homme?

– Que voulez-vous, dom Claude, qu'un homme fasse à une superstition? Elle a cela dans la tête. J'estime que c'est à coup sûr une rareté que cette pruderie de nonne qui se conserve farouche au milieu de ces filles bohèmes si facilement apprivoisées. Mais elle a pour se protéger trois choses: le duc d'Égypte qui l'a prise sous sa sauvegarde, comptant peut-être la vendre à quelque damp abbé; toute sa tribu qui la tient en vénération singulière, comme une Notre-Dame; et un certain poignard mignon que la luronne porte toujours sur elle dans quelque coin, malgré les ordonnances du prévôt, et qu'on lui fait sortir aux mains en lui pressant la taille. C'est une fière guêpe, allez!

L'archidiacre serra Gringoire de questions.

La Esmeralda était, au jugement de Gringoire, une créature inoffensive et charmante, jolie, à cela près d'une moue qui lui était particulière; une fille naïve et passionnée, ignorante de tout, et enthousiaste de tout; ne sachant pas encore la différence d'une femme à un homme, même en rêve; faite comme cela; folle surtout de danse, de bruit, de grand air; une espèce de femme abeille, ayant des ailes invisibles aux pieds, et vivant dans un tourbillon. Elle devait cette nature à la vie errante qu'elle avait toujours menée. Gringoire était parvenu à savoir que, tout enfant, elle avait parcouru l'Espagne et la Catalogne, jusqu'en Sicile; il croyait même qu'elle avait été emmenée, par la caravane de zingari dont elle faisait partie, dans le royaume d'Alger, pays situé en Achaïe, laquelle Achaïe touche d'un côté à la petite Albanie et à la Grèce, de l'autre à la mer des Siciles, qui est le chemin de Constantinople. Les bohèmes, disait Gringoire, étaient vassaux du roi d'Alger, en sa qualité de chef de la nation des Maures blancs. Ce qui était certain, c'est que la Esmeralda était venue en France très jeune encore par la Hongrie. De tous ces pays, la jeune fille avait rapporté des lambeaux de jargons bizarres, des chants et des idées étrangères, qui faisaient de son langage quelque chose d'aussi bigarré que son costume moitié parisien, moitié africain. Du reste, le peuple des quartiers qu'elle fréquentait l'aimait pour sa gaieté, pour sa gentillesse, pour ses vives allures, pour ses danses et pour ses chansons. Dans toute la ville, elle ne se croyait haïe que de deux personnes, dont elle parlait souvent avec effroi: la sachette de la Tour-Roland, une vilaine recluse qui avait on ne sait quelle rancune aux égyptiennes, et qui maudissait la pauvre danseuse chaque fois qu'elle passait devant sa lucarne; et un prêtre qui ne la rencontrait jamais sans lui jeter des regards et des paroles qui lui faisaient peur. Cette dernière circonstance troubla fort l'archidiacre, sans que Gringoire fît grande attention à ce trouble; tant il avait suffi de deux mois pour faire oublier à l'insouciant poète les détails singuliers de cette soirée où il avait fait la rencontre de l'égyptienne, et la présence de l'archidiacre dans tout cela. Au demeurant, la petite danseuse ne craignait rien; elle ne disait pas la bonne aventure, ce qui la mettait à l'abri de ces procès de magie si fréquemment intentés aux bohémiennes. Et puis, Gringoire lui tenait lieu de frère, sinon de mari. Après tout, le philosophe supportait très patiemment cette espèce de mariage platonique. C'était toujours un gîte et du pain. Chaque matin, il partait de la truanderie, le plus souvent avec l'égyptienne, il l'aidait à faire dans les carrefours sa récolte de targes et de petits-blancs; chaque soir il rentrait avec elle sous le même toit, la laissait se verrouiller dans sa logette, et s'endormait du sommeil du juste. Existence fort douce, à tout prendre, disait-il, et fort propice à la rêverie. Et puis, en son âme et conscience, le philosophe n'était pas très sûr d'être éperdument amoureux de la bohémienne. Il aimait presque autant la chèvre. C'était une charmante bête, douce, intelligente, spirituelle, une chèvre savante. Rien de plus commun au moyen-âge que ces animaux savants dont on s'émerveillait fort et qui menaient fréquemment leurs instructeurs au fagot. Pourtant les sorcelleries de la chèvre aux pattes dorées étaient de bien innocentes malices. Gringoire les expliqua à l'archidiacre que ces détails paraissaient vivement intéresser. Il suffisait, dans la plupart des cas, de présenter le tambourin à la chèvre de telle ou telle façon pour obtenir d'elle la momerie qu'on souhaitait. Elle avait été dressée à cela par la bohémienne, qui avait à ces finesses un talent si rare qu'il lui avait suffi de deux mois pour enseigner à la chèvre à écrire avec des lettres mobiles le mot Phoebus.

– Phoebus! dit le prêtre; pourquoi Phoebus?

– Je ne sais, répondit Gringoire. C'est peut-être un mot qu'elle croit doué de quelque vertu magique et secrète. Elle le répète souvent à demi-voix quand elle se croit seule.

– Êtes-vous sûr, reprit Claude avec son regard pénétrant, que ce n'est qu'un mot et que ce n'est pas un nom?

– Nom de qui? dit le poète.

– Que sais-je? dit le prêtre.

– Voilà ce que j'imagine, messire. Ces bohèmes sont un peu guèbres et adorent le soleil. De là Phoebus.

– Cela ne me semble pas si clair qu'à vous, maître Pierre.

– Au demeurant, cela ne m'importe. Qu'elle marmotte son Phoebus à son aise. Ce qui est sûr, c'est que Djali m'aime déjà presque autant qu'elle.

– Qu'est-ce que cette Djali?

– C'est la chèvre.

L'archidiacre posa son menton sur sa main, et parut un moment rêveur. Tout à coup il se retourna brusquement vers Gringoire.

– Et tu me jures que tu ne lui as pas touché?

– À qui? dit Gringoire, à la chèvre?

– Non, à cette femme.

– À ma femme! Je vous jure que non.

– Et tu es souvent seul avec elle?

– Tous les soirs, une bonne heure.

Dom Claude fronça le sourcil.

– Oh! oh! solus cum sola non cogitabuntur orare Pater noster.

– Sur mon âme, je pourrais dire le Pater, et l'Ave Maria, et le Credo in Deum patrem omnipotentem, sans qu'elle fît plus d'attention à moi qu'une poule à une église.

– Jure-moi par le ventre de ta mère, répéta l'archidiacre avec violence, que tu n'as pas touché à cette créature du bout du doigt.

– Je le jurerais aussi par la tête de mon père, car les deux choses ont plus d'un rapport. Mais, mon révérend maître, permettez-moi à mon tour une question.

– Parlez, monsieur.

– Qu'est-ce que cela vous fait?

La pâle figure de l'archidiacre devint rouge comme la joue d'une jeune fille. Il resta un moment sans répondre, puis avec un embarras visible:

– Écoutez, maître Pierre Gringoire. Vous n'êtes pas encore damné, que je sache. Je m'intéresse à vous et vous veux du bien. Or le moindre contact avec cette égyptienne du démon vous ferait vassal de Satanas. Vous savez que c'est toujours le corps qui perd l'âme. Malheur à vous si vous approchez cette femme! Voilà tout.

– J'ai essayé une fois, dit Gringoire en se grattant l'oreille. C'était le premier jour, mais je me suis piqué.

– Vous avez eu cette effronterie, maître Pierre?

Et le front du prêtre se rembrunit.

– Une autre fois, continua le poète en souriant, j'ai regardé avant de me coucher par le trou de sa serrure, et j'ai bien vu la plus délicieuse dame en chemise qui ait jamais fait crier la sangle d'un lit sous son pied nu.

– Va-t'en au diable! cria le prêtre avec un regard terrible, et, poussant par les épaules Gringoire émerveillé, il s'enfonça à grands pas sous les plus sombres arcades de la cathédrale.

III

LES CLOCHES

DEPUIS la matinée du pilori, les voisins de Notre-Dame avaient cru remarquer que l'ardeur carillonneuse de Quasimodo s'était fort refroidie. Auparavant c'étaient des sonneries à tout propos, de longues aubades qui duraient de prime à complies, des volées de beffroi pour une grand'messe, de riches gammes promenées sur les clochettes pour un mariage, pour un baptême, et s'entremêlant dans l'air comme une broderie de toutes sortes de sons charmants. La vieille église, toute vibrante et toute sonore, était dans une perpétuelle joie de cloches. On y sentait sans cesse la présence d'un esprit de bruit et de caprice qui chantait par toutes ces bouches de cuivre. Maintenant cet esprit semblait avoir disparu; la cathédrale paraissait morne et gardait volontiers le silence. Les fêtes et les enterrements avaient leur simple sonnerie, sèche et nue, ce que le rituel exigeait, rien de plus. Du double bruit que fait une église, l'orgue au dedans, la cloche au dehors, il ne restait que l'orgue. On eût dit qu'il n'y avait plus de musicien dans les clochers. Quasimodo y était toujours pourtant. Que s'était-il donc passé en lui? Était-ce que la honte et le désespoir du pilori duraient encore au fond de son coeur, que les coups de fouet du tourmenteur se répercutaient sans fin dans son âme, et que la tristesse d'un pareil traitement avait tout éteint chez lui, jusqu'à sa passion pour les cloches? ou bien, était-ce que Marie avait une rivale dans le coeur du sonneur de Notre-Dame, et que la grosse cloche et ses quatorze soeurs étaient négligées pour quelque chose de plus aimable et de plus beau?

Il arriva que, dans cette gracieuse année 1482, l'Annonciation tomba un mardi 25 mars. Ce jour-là, l'air était si pur et si léger que Quasimodo se sentit revenir quelque amour de ses cloches. Il monta donc dans la tour septentrionale, tandis qu'en bas le bedeau ouvrait toutes larges les portes de l'église, lesquelles étaient alors d'énormes panneaux de fort bois couverts de cuir, bordés de clous de fer doré et encadrés de sculptures «fort artificiellement élabourées».

Parvenu dans la haute cage de la sonnerie, Quasimodo considéra quelque temps avec un triste hochement de tête les six campanilles, comme s'il gémissait de quelque chose d'étranger qui s'était interposé dans son coeur entre elles et lui. Mais quand il les eut mises en branle, quand il sentit cette grappe de cloches remuer sous sa main, quand il vit, car il ne l'entendait pas, l'octave palpitante monter et descendre sur cette échelle sonore comme un oiseau qui saute de branche en branche, quand le diable musique, ce démon qui secoue un trousseau étincelant de strettes, de trilles et d'arpèges, se fut emparé du pauvre sourd, alors il redevint heureux, il oublia tout, et son coeur qui se dilatait fit épanouir son visage.

Il allait et venait, il frappait des mains, il courait d'une corde à l'autre, il animait les six chanteurs de la voix et du geste, comme un chef d'orchestre qui éperonne des virtuoses intelligents.

– Va, disait-il, va, Gabrielle. Verse tout ton bruit dans la place. C'est aujourd'hui fête. – Thibauld, pas de paresse. Tu te ralentis. Va, va donc! est-ce que tu t'es rouillé, fainéant? – C'est bien! Vite! vite! qu'on ne voie pas le battant. Rends-les tous sourds comme moi. C'est cela, Thibauld, bravement! – Guillaume! Guillaume! tu es le plus gros, et Pasquier est le plus petit, et Pasquier va le mieux. Gageons que ceux qui entendent l'entendent mieux que toi. – Bien! bien! ma Gabrielle, fort! plus fort! – Hé! que faites-vous donc là-haut tous deux, les Moineaux? je ne vous vois pas faire le plus petit bruit. – Qu'est-ce que c'est que ces becs de cuivre-là qui ont l'air de bâiller quand il faut chanter? «à, qu'on travaille! C'est l'Annonciation. Il y a un beau soleil. Il faut un beau carillon. – Pauvre Guillaume! te voilà tout essoufflé, mon gros!

Il était tout occupé d'aiguillonner ses cloches, qui sautaient toutes les six à qui mieux mieux et secouaient leurs croupes luisantes comme un bruyant attelage de mules espagnoles piqué çà et là par les apostrophes du sagal.

Tout à coup, en laissant tomber son regard entre les larges écailles ardoisées qui recouvrent à une certaine hauteur le mur à pic du clocher, il vit dans la place une jeune fille bizarrement accoutrée, qui s'arrêtait, qui développait à terre un tapis où une petite chèvre venait se poser, et un groupe de spectateurs qui s'arrondissait à l'entour. Cette vue changea subitement le cours de ses idées, et figea son enthousiasme musical comme un souffle d'air fige une résine en fusion. Il s'arrêta, tourna le dos au carillon, et s'accroupit derrière l'auvent d'ardoise, en fixant sur la danseuse ce regard rêveur, tendre et doux, qui avait déjà une fois étonné l'archidiacre. Cependant les cloches oubliées s'éteignirent brusquement toutes à la fois, au grand désappointement des amateurs de sonnerie, lesquels écoutaient de bonne foi le carillon de dessus le Pont-au-Change, et s'en allèrent stupéfaits comme un chien à qui l'on a montré un os et à qui l'on donne une pierre.

IV

ἈΝΆΓΚΗ

IL advint que par une belle matinée de ce même mois de mars, je crois que c'était le samedi 29, jour de saint Eustache, notre jeune ami l'écolier Jehan Frollo du Moulin s'aperçut en s'habillant que ses grègues qui contenaient sa bourse ne rendaient aucun son métallique. – Pauvre bourse! dit-il en la tirant de son gousset, quoi! pas le moindre petit parisis! comme les dés, les pots de bière et Vénus t'ont cruellement éventrée! comme te voilà vide, ridée et flasque! Tu ressembles à la gorge d'une furie! Je vous le demande, messer Cicero et messer Seneca, dont je vois les exemplaires tout racornis épars sur le carreau, que me sert de savoir, mieux qu'un général des monnaies ou qu'un juif du Pont-aux-Changeurs, qu'un écu d'or à la couronne vaut trente-cinq unzains de vingt-cinq sous huit deniers parisis chaque, et qu'un écu au croissant vaut trente-six unzains de vingt-six sous et six deniers tournois pièce, si je n'ai pas un misérable liard noir à risquer sur le double-six! Oh! consul Cicero! ce n'est pas là une calamité dont on se tire avec des périphrases, des quemadmodum et des verum enim vero!

Il s'habilla tristement. Une pensée lui était venue tout en ficelant ses bottines, mais il la repoussa d'abord; cependant elle revint, et il mit son gilet à l'envers, signe évident d'un violent combat intérieur. Enfin il jeta rudement son bonnet à terre et s'écria: – Tant pis! il en sera ce qu'il pourra. Je vais aller chez mon frère. J'attraperai un sermon, mais j'attraperai un écu.

Alors il endossa précipitamment sa casaque à mahoîtres fourrées, ramassa son bonnet et sortit en désespéré.

Il descendit la rue de la Harpe vers la Cité. En passant devant la rue de la Huchette, l'odeur de ces admirables broches qui tournaient incessamment vint chatouiller son appareil olfactif, et il donna un regard d'amour à la cyclopéenne rôtisserie qui arracha un jour au cordelier Calatagirone cette pathétique exclamation: Veramente, queste rotisserie sono cosa stupenda! Mais Jehan n'avait pas de quoi déjeuner, et il s'enfonça avec un profond soupir sous le porche du Petit-Châtelet, énorme double-trèfle de tours massives qui gardait l'entrée de la Cité.

Il ne prit pas même le temps de jeter une pierre en passant, comme c'était l'usage, à la misérable statue de ce Périnet Leclerc qui avait livré le Paris de Charles VI aux anglais, crime que son effigie, la face écrasée de pierres et souillée de boue, a expié pendant trois siècles au coin des rues de la Harpe et de Bussy, comme à un pilori éternel.

Le Petit-Pont traversé, la rue Neuve-Sainte-Geneviève enjambée, Jehan de Molendino se trouva devant Notre-Dame. Alors son indécision le reprit, et il se promena quelques instants autour de la statue de M. Legris, en se répétant avec angoisse: Le sermon est sûr, l'écu est douteux!

Il arrêta un bedeau qui sortait du cloître. – Où est monsieur l'archidiacre de Josas?

– Je crois qu'il est dans sa cachette de la tour, dit le bedeau, et je ne vous conseille pas de l'y déranger, à moins que vous ne veniez de la part de quelqu'un comme le pape ou monsieur le roi.

Jehan frappa dans ses mains. – Bédiable! voilà une magnifique occasion de voir la fameuse logette aux sorcelleries!

Déterminé par cette réflexion, il s'enfonça résolument sous la petite porte noire, et se mit à monter la vis de Saint-Gilles qui mène aux étages supérieurs de la tour. – Je vais voir! se disait-il chemin faisant. Par les corbignolles de la sainte Vierge! ce doit être chose curieuse que cette cellule que mon révérend frère cache comme son pudendum! On dit qu'il y allume des cuisines d'enfer, et qu'il y fait cuire à gros feu la pierre philosophale. Bédieu! je me soucie de la pierre philosophale comme d'un caillou, et j'aimerais mieux trouver sur son fourneau une omelette d'oeufs de Pâques au lard que la plus grosse pierre philosophale du monde!

Parvenu sur la galerie des colonnettes, il souffla un moment, et jura contre l'interminable escalier par je ne sais combien de millions de charretées de diables, puis il reprit son ascension par l'étroite porte de la tour septentrionale aujourd'hui interdite au public. Quelques moments après avoir dépassé la cage des cloches, il rencontra un petit palier pratiqué dans un renfoncement latéral et sous la voûte une basse porte ogive dont une meurtrière, percée en face dans la paroi circulaire de l'escalier, lui permit d'observer l'énorme serrure et la puissante armature de fer. Les personnes qui seraient curieuses aujourd'hui de visiter cette porte la reconnaîtront à cette inscription, gravée en lettres blanches dans la muraille noire: J'adore Coralie, 1823. Signé Ugène. Signé est dans le texte.

– Ouf! dit l'écolier; c'est sans doute ici.

La clef était dans la serrure. La porte était tout contre. Il la poussa mollement, et passa sa tête par l'entr'ouverture.

Le lecteur n'est pas sans avoir feuilleté l'oeuvre admirable de Rembrandt, ce Shakespeare de la peinture. Parmi tant de merveilleuses gravures, il y a en particulier une eau-forte qui représente, à ce qu'on suppose, le docteur Faust, et qu'il est impossible de contempler sans éblouissement. C'est une sombre cellule. Au milieu est une table chargée d'objets hideux, têtes de mort, sphères, alambics, compas, parchemins hiéroglyphiques. Le docteur est devant cette table, vêtu de sa grosse houppelande et coiffé jusqu'aux sourcils de son bonnet fourré. On ne le voit qu'à mi-corps. Il est à demi levé de son immense fauteuil, ses poings crispés s'appuient sur la table, et il considère avec curiosité et terreur un grand cercle lumineux, formé de lettres magiques, qui brille sur le mur du fond comme le spectre solaire dans la chambre noire. Ce soleil cabalistique semble trembler à l'oeil et remplit la blafarde cellule de son rayonnement mystérieux. C'est horrible et c'est beau.

Quelque chose d'assez semblable à la cellule de Faust s'offrit à la vue de Jehan quand il eut hasardé sa tête par la porte entre-bâillée. C'était de même un réduit sombre et à peine éclairé. Il y avait aussi un grand fauteuil et une grande table, des compas, des alambics, des squelettes d'animaux pendus au plafond, une sphère roulant sur le pavé, des hippocéphales pêle-mêle avec des bocaux où tremblaient des feuilles d'or, des têtes de mort posées sur des vélins bigarrés de figures et de caractères, de gros manuscrits empilés tout ouverts sans pitié pour les angles cassants du parchemin, enfin, toutes les ordures de la science, et partout, sur ce fouillis, de la poussière et des toiles d'araignée; mais il n'y avait point de cercle de lettres lumineuses, point de docteur en extase contemplant la flamboyante vision comme l'aigle regarde son soleil.

Pourtant la cellule n'était point déserte. Un homme était assis dans le fauteuil et courbé sur la table. Jehan, auquel il tournait le dos, ne pouvait voir que ses épaules et le derrière de son crâne; mais il n'eut pas de peine à reconnaître cette tête chauve à laquelle la nature avait fait une tonsure éternelle, comme si elle avait voulu marquer par un symbole extérieur l'irrésistible vocation cléricale de l'archidiacre.

Jehan reconnut donc son frère. Mais la porte s'était ouverte si doucement que rien n'avait averti dom Claude de sa présence. Le curieux écolier en profita pour examiner quelques instants à loisir la cellule. Un large fourneau, qu'il n'avait pas remarqué au premier abord, était à gauche du fauteuil, au-dessous de la lucarne. Le rayon de jour qui pénétrait par cette ouverture traversait une ronde toile d'araignée, qui inscrivait avec goût sa rosace délicate dans l'ogive de la lucarne, et au centre de laquelle l'insecte architecte se tenait immobile comme le moyeu de cette roue de dentelle. Sur le fourneau étaient accumulés en désordre toutes sortes de vases, des fioles de grès, des cornues de verre, des matras de charbon. Jehan observa en soupirant qu'il n'y avait pas un poêlon. – Elle est fraîche, la batterie de cuisine! pensa-t-il.

Du reste, il n'y avait pas de feu dans le fourneau, et il paraissait même qu'on n'en avait pas allumé depuis longtemps. Un masque de verre, que Jehan remarqua parmi les ustensiles d'alchimie, et qui servait sans doute à préserver le visage de l'archidiacre lorsqu'il élaborait quelque substance redoutable, était dans un coin, couvert de poussière, et comme oublié. À côté gisait un soufflet non moins poudreux, et dont la feuille supérieure portait cette légende incrustée en lettres de cuivre: SPIRA, SPERA.

D'autres légendes étaient écrites, selon la mode des hermétiques, en grand nombre sur les murs; les unes tracées à l'encre, les autres gravées avec une pointe de métal. Du reste, lettres gothiques, lettres hébraïques, lettres grecques et lettres romaines pêle-mêle, les inscriptions débordant au hasard, celles-ci sur celles-là, les plus fraîches effaçant les plus anciennes, et toutes s'enchevêtrant les unes dans les autres comme les branches d'une broussaille, comme les piques d'une mêlée. C'était, en effet, une assez confuse mêlée de toutes les philosophies, de toutes les rêveries, de toutes les sagesses humaines. Il y en avait une çà et là qui brillait sur les autres comme un drapeau parmi les fers de lance. C'était, la plupart du temps, une brève devise latine ou grecque, comme les formulait si bien le moyen âge: Unde? inde? – Homo homini monstrum. – Astra, castra, nomen, numen. – Μέγα βιβλίον, μέγα κακόν. – Sapere aude. – Flat ubi vult, – etc.; quelquefois un mot dénué de tout sens apparent: Ἀναγκοφαγία, ce qui cachait peut-être une allusion amère au régime du cloître; quelquefois une simple maxime de discipline cléricale formulée en un hexamètre réglementaire: Coelestem dominum, terrestrem dicito domnum. Il y avait aussi passim des grimoires hébraïques, auxquels Jehan, déjà fort peu grec, ne comprenait rien, et le tout était traversé à tout propos par des étoiles, des figures d'hommes ou d'animaux et des triangles qui s'intersectaient, ce qui ne contribuait pas peu à faire ressembler la muraille barbouillée de la cellule à une feuille de papier sur laquelle un singe aurait promené une plume chargée d'encre.

L'ensemble de la logette, du reste, présentait un aspect général d'abandon et de délabrement; et le mauvais état des ustensiles laissait supposer que le maître était déjà depuis assez longtemps distrait de ses travaux par d'autres préoccupations.

Ce maître cependant, penché sur un vaste manuscrit orné de peintures bizarres, paraissait tourmenté par une idée qui venait sans cesse se mêler à ses méditations. C'est du moins ce que Jehan jugea en l'entendant s'écrier, avec les intermittences pensives d'un songe-creux qui rêve tout haut:

– Oui, Manou le dit, et Zoroastre l'enseignait, le soleil naît du feu, la lune du soleil. Le feu est l'âme du grand tout. Ses atomes élémentaires s'épanchent et ruissellent incessamment sur le monde par courants infinis. Aux points où ces courants s'entrecoupent dans le ciel, ils produisent la lumière; à leurs points d'intersection dans la terre, ils produisent l'or. – La lumière, l'or, même chose. Du feu à l'état concret. – La différence du visible au palpable, du fluide au solide pour la même substance, de la vapeur d'eau à la glace, rien de plus. – Ce ne sont point là des rêves, c'est la loi générale de la nature. – Mais comment faire pour soutirer dans la science le secret de cette loi générale? Quoi! cette lumière qui inonde ma main, c'est de l'or! ces mêmes atomes dilatés selon une certaine loi, il ne s'agit que de les condenser selon une certaine autre loi! – Comment faire? – Quelques-uns ont imaginé d'enfouir un rayon du soleil. – Averroës, – oui, c'est Averroës, – Averroës en a enterré un sous le premier pilier de gauche du sanctuaire du koran, dans la grande mahomerie de Cordoue; mais on ne pourra ouvrir le caveau pour voir si l'opération a réussi que dans huit mille ans.

– Diable! dit Jehan à part lui, voilà qui est longtemps attendre un écu!

– ... D'autres ont pensé, continua l'archidiacre rêveur, qu'il valait mieux opérer sur un rayon de Sirius. Mais il est bien malaisé d'avoir ce rayon pur, à cause de la présence simultanée des autres étoiles qui viennent s'y mêler. Flamel estime qu'il est plus simple d'opérer sur le feu terrestre. Flamel! quel nom de prédestiné, Flamma! – Oui, le feu. Voilà tout. – Le diamant est dans le charbon, l'or est dans le feu. – Mais comment l'en tirer? – Magistri affirme qu'il y a certains noms de femme d'un charme si doux et si mystérieux qu'il suffit de les prononcer pendant l'opération... – Lisons ce qu'en dit Manou: «Où les femmes sont honorées, les divinités sont réjouies; où elles sont méprisées, il est inutile de prier Dieu. – La bouche d'une femme est constamment pure; c'est une eau courante, c'est un rayon de soleil. – Le nom d'une femme doit être agréable, doux, imaginaire; finir par des voyelles longues, et ressembler à des mots de bénédiction.» – ... Oui, le sage a raison; en effet, la Maria, la Sophia, la Esmeral... – Damnation! toujours cette pensée!

Et il ferma le livre avec violence.

Il passa la main sur son front, comme pour chasser l'idée qui l'obsédait. Puis il prit sur la table un clou et un petit marteau dont le manche était curieusement peint de lettres cabalistiques.

– Depuis quelque temps, dit-il avec un sourire amer, j'échoue dans toutes mes expériences! L'idée fixe me possède, et me flétrit le cerveau comme un trèfle de feu. Je n'ai seulement pu retrouver le secret de Cassiodore, dont la lampe brûlait sans mèche et sans huile. Chose simple pourtant!

– Peste! dit Jehan dans sa barbe.

–... Il suffit donc, continua le prêtre, d'une seule misérable pensée pour rendre un homme faible et fou! Oh! que Claude Pernelle rirait de moi, elle qui n'a pu détourner un moment Nicolas Flamel de la poursuite du grand oeuvre! Quoi! je tiens dans ma main le marteau magique de Zéchiélé à chaque coup que le redoutable rabbin, du fond de sa cellule, frappait sur ce clou avec ce marteau, celui de ses ennemis qu'il avait condamné, eût-il été à deux mille lieues, s'enfonçait d'une coudée dans la terre qui le dévorait. Le roi de France lui-même, pour avoir un soir heurté inconsidérément à la porte du thaumaturge, entra dans son pavé de Paris jusqu'aux genoux. – Ceci s'est passé il n'y a pas trois siècles. – Eh bien! j'ai le marteau et le clou, et ce ne sont pas outils plus formidables dans mes mains qu'un hutin aux mains d'un taillandier. – Pourtant il ne s'agit que de retrouver le mot magique que prononçait Zéchiélé, en frappant sur son clou.

– Bagatelle! pensa Jehan.

– Voyons, essayons, reprit vivement l'archidiacre. Si je réussis, je verrai l'étincelle bleue jaillir dc la tête du clou. – Emen-hétan! Emen-hétan! – Ce n'est pas cela. – Sigéani! Sigéani! – Que ce clou ouvre la tombe à quiconque porte le nom de Phoebus!... – Malédiction! toujours, encore, éternellement la même idée!

Et il jeta le marteau avec colère. Puis il s'affaissa tellement sur le fauteuil et sur la table, que Jehan le perdit de vue derrière l'énorme dossier. Pendant quelques minutes, il ne vit plus que son poing convulsif crispé sur un livre. Tout à coup dom Claude se leva, prit un compas, et grava en silence sur la muraille en lettres capitales ce mot grec:

ἈNἈΓKH.

– Mon frère est fou, dit Jehan en lui-même; il eût été bien plus simple d'écrire Fatum. Tout le monde n'est pas obligé de savoir le grec.

L'archidiacre vint se rasseoir dans son fauteuil, et posa sa tête sur ses deux mains, comme fait un malade dont le front est lourd et brûlant.

L'écolier observait son frère avec surprise. Il ne savait pas, lui qui mettait son coeur en plein air, lui qui n'observait de loi au monde que la bonne loi de nature, lui qui laissait s'écouler ses passions par ses penchants, et chez qui le lac des grandes émotions était toujours à sec, tant il y pratiquait largement chaque matin de nouvelles rigoles, il ne savait pas avec quelle furie cette mer des passions humaines fermente et bouillonne lorsqu'on lui refuse toute issue, comme elle s'amasse, comme elle s'enfle, comme elle déborde, comme elle creuse le coeur, comme elle éclate en sanglots intérieurs et en sourdes convulsions, jusqu'à ce qu'elle ait déchiré ses digues et crevé son lit. L'enveloppe austère et glaciale de Claude Frollo, cette froide surface de vertu escarpée et inaccessible, avait toujours trompé Jehan. Le joyeux écolier n'avait jamais songé à ce qu'il y a de lave bouillante, furieuse et profonde sous le front de neige de l'Etna.

Nous ne savons s'il se rendit compte subitement de ces idées, mais, tout évaporé qu'il était, il comprit qu'il avait vu ce qu'il n'aurait pas dû voir, qu'il venait de surprendre l'âme de son frère aîné dans une de ses plus secrètes attitudes, et qu'il ne fallait pas que Claude s'en aperçût. Voyant que l'archidiacre était retombé dans son immobilité première, il retira sa tête très doucement, et fit quelque bruit de pas derrière la porte, comme quelqu'un qui arrive et qui avertit de son arrivée.

– Entrez! cria l'archidiacre de l'intérieur de la cellule, je vous attendais. J'ai laissé exprès la clef à la porte. Entrez, maître Jacques.

L'écolier entra hardiment. L'archidiacre, qu'une pareille visite gênait fort en pareil lieu, tressaillit sur son fauteuil.

– Quoi! c'est vous, Jehan?

– C'est toujours un J, dit l'écolier avec sa face rouge, effrontée et joyeuse.

Le visage de dom Claude avait repris son expression sévère.

– Que venez-vous faire ici?

– Mon frère, répondit l'écolier en s'efforçant d'atteindre à une mine décente, piteuse et modeste, et en tournant son bicoquet dans ses mains avec un air d'innocence, je venais vous demander...

– Quoi?

– Un peu de morale dont j'ai grand besoin. Jehan n'osa ajouter tout haut: – Et un peu d'argent dont j'ai plus grand besoin encore. Ce dernier membre de sa phrase resta inédit.

– Monsieur, dit l'archidiacre d'un ton froid, je suis très mécontent de vous.

– Hélas! soupira l'écolier.

Dom Claude fit décrire un quart de cercle à son fauteuil, et regarda Jehan fixement. – Je suis bien aise de vous voir.

C'était un exorde redoutable. Jehan se prépara à un rude choc.

– Jehan, on m'apporte tous les jours des doléances de vous. Qu'est-ce que c'est que cette batterie où vous avez contus de bastonnade un petit vicomte Albert de Ramonchamp?...

– Oh! dit Jehan, grand'chose! un méchant page qui s'amusait à escailbotter les écoliers en faisant courir son cheval dans les boues!

– Qu'est-ce que c'est, reprit l'archidiacre, que ce Mahiet Fargel, dont vous avez déchiré la robe? Tunicam dechiraverunt, dit la plainte.

– Ah bah! une mauvaise cappette de Montaigu! voilà-t-il pas!

– La plainte dit tunicam et non cappettam. Savez-vous le latin?

Jehan ne répondit pas.

– Oui! poursuivit le prêtre en secouant la tête, voilà où en sont les
études et les lettres maintenant. La langue latine est à peine
entendue, la syriaque inconnue, la grecque tellement odieuse que ce
n'est pas ignorance aux plus savants de sauter un mot grec sans le
lire, et qu'on dit: Graecum est, non legitur.

L'écolier releva résolument les yeux. – Monsieur mon frère, vous
plaît-il que je vous explique en bon parler français ce mot grec qui
est écrit là sur le mur?

– Quel mot?

– ἈΝΆΓΚΗ.

Une légère rougeur vint s'épanouir sur les jaunes pommettes de
l'archidiacre, comme la bouffée de fumée qui annonce au dehors les
secrètes commotions d'un volcan. L'écolier le remarqua à peine.

– Eh, Jehan, balbutia le frère aîné avec effort, qu'est-ce que ce mot
veut dire?

– fatalité.

Dom Claude redevint pâle, et l'écolier poursuivit avec insouciance:

– Et ce mot qui est au-dessous, gravé par la même main, Ἀναγνεία,
signifie impureté. Vous voyez qu'on sait son grec.

L'archidiacre demeurait silencieux. Cette leçon de grec l'avait rendu
rêveur. Le petit Jehan, qui avait toutes les finesses d'un enfant gâté,
jugea le moment favorable pour hasarder sa requête. Il prit donc une
voix extrêmement douce, et commença:

– Mon bon frère, est-ce que vous m'avez en haine à ce point de me faire farouche mine pour quelques méchantes gifles et pugnalades distribuées en bonne guerre à je ne sais quels garçons et marmousets, quibusdam mormosetis? – Vous voyez, bon frère Claude, qu'on sait son latin.

Mais toute cette caressante hypocrisie n'eut point sur le sévère grand frère son effet accoutumé. Cerbère ne mordit pas au gâteau de miel. Le front de l'archidiacre ne se dérida pas d'un pli.

– Où voulez-vous en venir? dit-il d'un ton sec.

– Eh bien, au fait! voici! répondit bravement Jehan. J'ai besoin d'argent.

À cette déclaration effrontée, la physionomie de l'archidiacre prit tout à fait l'expression pédagogique et paternelle.

– Vous savez, monsieur Jehan, que notre fief de Tirechappe ne rapporte, en mettant en bloc le cens et les rentes des vingt-une maisons, que trente-neuf livres onze sous six deniers parisis. C'est moitié plus que du temps des frères Paclet, mais ce n'est pas beaucoup.

– J'ai besoin d'argent, dit stoïquement Jehan.

– Vous savez que l'official a décidé que nos vingt-une maisons mouvaient en plein fief de l'évêché, et que nous ne pourrions racheter cet hommage qu'en payant au révérend évêque deux marcs d'argent doré du prix de six livres parisis. Or, ces deux marcs, je n'ai encore pu les amasser. Vous le savez.

– Je sais que j'ai besoin d'argent, répéta Jehan pour la troisième fois.

– Et qu'en voulez-vous faire?

Cette question fit briller une lueur d'espoir aux yeux de Jehan. Il reprit sa mine chatte et doucereuse.

– Tenez, cher frère Claude, je ne m'adresserais pas à vous en mauvaise intention. Il ne s'agit pas de faire le beau dans les tavernes avec vos unzains et de me promener dans les rues de Paris en caparaçon de brocart d'or, avec mon laquais, cum meo laquasio. Non, mon frère, c'est pour une bonne oeuvre.

– Quelle bonne oeuvre? demanda Claude un peu surpris.

– Il y a deux de mes amis qui voudraient acheter une layette à l'enfant d'une pauvre veuve haudriette. C'est une charité. Cela coûtera trois florins, et je voudrais mettre le mien.

– Comment s'appellent vos deux amis?

– Pierre l'Assommeur et Baptiste Croque-Oison.

– Hum! dit l'archidiacre, voilà des noms qui vont à une bonne oeuvre comme une bombarde sur un maître-autel.

Il est certain que Jehan avait très mal choisi ses deux noms d'amis. Il le sentit trop tard.

– Et puis, poursuivit le sagace Claude, qu'est-ce que c'est qu'une layette qui doit coûter trois florins? et cela pour l'enfant d'une haudriette? Depuis quand les veuves haudriettes ont-elles des marmots au maillot?

Jehan rompit la glace encore une fois. – Eh bien, oui! j'ai besoin d'argent pour aller voir ce soir Isabeau la Thierrye au Val-d'Amour!

– Misérable impur! s'écria le prêtre.

– Ἀναγνεία, dit Jehan.

Cette citation, que l'écolier empruntait, peut-être avec malice, à la muraille de la cellule, fit sur le prêtre un effet singulier. Il se mordit les lèvres, et sa colère s'éteignit dans la rougeur.

– Allez-vous-en, dit-il alors à Jehan. J'attends quelqu'un.

L'écolier tenta encore un effort. – Frère Claude, donnez-moi au moins un petit parisis pour manger.

– Où en êtes-vous des décrétales de Gratien!? demanda dom Claude.

– J'ai perdu mes cahiers.

– Où en êtes-vous des humanités latines?

– On m'a volé mon exemplaire d'Horatius.

– Où en êtes-vous d'Aristoteles?

– Ma foi! frère, quel est donc ce père de l'église qui dit que les erreurs des hérétiques ont de tout temps eu pour repaire les broussailles de la métaphysique d'Aristoteles? Foin d'Aristoteles! je ne veux pas déchirer ma religion à sa métaphysique.

– Jeune homme, reprit l'archidiacre, il y avait à la dernière entrée du roi un gentilhomme appelé Philippe de Comines, qui portait brodée sur la houssure de son cheval sa devise, que je vous conseille de méditer: Qui non laborat non manducet.

L'écolier resta un moment silencieux, le doigt à l'oreille, l'oeil fixé à terre, et la mine fâchée. Tout à coup il se retourna vers Claude avec la vive prestesse d'un hoche-queue.

– Ainsi, bon frère, vous me refusez un sou parisis pour acheter une croûte chez un talmellier?

– Qui non laborat non manducet.

À cette réponse de l'inflexible archidiacre, Jehan cacha sa tête dans ses mains, comme une femme qui sanglote, et s'écria avec une expression de désespoir: Ὀ τοτοτοτοτοῖ!

– Qu'est-ce que cela veut dire, monsieur? demanda Claude surpris de cette incartade.

– Eh bien quoi! dit l'écolier, et il relevait sur Claude des yeux effrontés dans lesquels il venait d'enfoncer ses poings pour leur donner la rougeur des larmes, c'est du grec! c'est un anapeste d'Eschyles qui exprime parfaitement la douleur.

Et ici, il partit d'un éclat de rire si bouffon et si violent qu'il en fit sourire l'archidiacre. C'était la faute de Claude en effet! pourquoi avait-il tant gâté cet enfant?

– Oh! bon frère Claude, reprit Jehan enhardi par ce sourire, voyez mes brodequins percés. Y a-t-il cothurne plus tragique au monde que des bottines dont la semelle tire la langue?

L'archidiacre était promptement revenu à sa sévérité première. – Je vous enverrai des bottines neuves. Mais point d'argent.

– Rien qu'un pauvre petit parisis, frère, poursuivit le suppliant Jehan. J'apprendrai Gratien par coeur, je croirai bien en Dieu, je serai un véritable Pythagoras de science et de vertu. Mais un petit parisis, par grâce! Voulez-vous que la famine me morde avec sa gueule qui est là, béante, devant moi, plus noire, plus puante, plus profonde qu'un tartare ou que le nez d'un moine?

Dom Claude hocha son chef ridé. – Qui non laborat...

Jehan ne le laissa pas achever.

— Eh bien, cria-t-il, au diable! Vive la joie! Je m'entavernerai, je me battrai, je casserai les pots et j'irai voir les filles!

Et sur ce, il jeta son bonnet au mur et fit claquer ses doigts comme des castagnettes.

L'archidiacre le regarda d'un air sombre.

— Jehan, vous n'avez point d'âme.

— En ce cas, selon Epicurius, je manque d'un je ne sais quoi fait de quelque chose qui n'a pas de nom.

— Jehan, il faut songer sérieusement à vous corriger.

— Ah çà, cria l'écolier en regardant tour à tour son frère et les alambics du fourneau, tout est donc cornu ici, les idées et les bouteilles!

— Jehan, vous êtes sur une pente bien glissante. Savez-vous où vous allez?

— Au cabaret, dit Jehan.

— Le cabaret mène au pilori.

— C'est une lanterne comme une autre, et c'est peut-être avec celle-là que Diogénès eût trouvé son homme.

— Le pilori mène à la potence.

— La potence est une balance qui a un homme à un bout et toute la terre à l'autre. Il est beau d'être l'homme.

— La potence mène à l'enfer.

— C'est un gros feu.

– Jehan, Jehan, la fin sera mauvaise.

– Le commencement aura été bon.

En ce moment le bruit d'un pas se fit entendre dans l'escalier.

– Silence! dit l'archidiacre en mettant un doigt sur sa bouche, voici maître Jacques. Écoutez, Jehan, ajouta-t-il à voix basse, gardez-vous de parler jamais de ce que vous aurez vu et entendu ici. Cachez-vous vite sous ce fourneau, et ne soufflez pas.

L'écolier se blottit sous le fourneau. Là, il lui vint une idée féconde.

– À propos, frère Claude, un florin pour que je ne souffle pas.

– Silence! je vous le promets.

– Il faut me le donner.

– Prends donc! dit l'archidiacre en lui jetant avec colère son escarcelle. Jehan se renfonça sous le fourneau, et la porte s'ouvrit.

V

LES DEUX HOMMES
VÊTUS DE NOIR

LE personnage qui entra avait une robe noire et la mine sombre. Ce qui frappa au premier coup d'oeil notre ami Jehan (qui, comme on s'en doute bien, s'était arrangé dans son coin de manière à pouvoir tout voir et tout entendre selon son bon plaisir), c'était la parfaite tristesse du vêtement et du visage de ce nouveau venu. Il y avait pourtant quelque douceur répandue sur cette figure, mais une douceur de chat ou de juge, une douceur doucereuse. Il était fort gris, ridé, touchait aux soixante ans, clignait des yeux, avait le sourcil blanc, la lèvre pendante et de grosses mains. Quand Jehan vit que ce n'était que cela, c'est-à-dire sans doute un médecin ou un magistrat, et que cet homme avait le nez très loin de la bouche, signe de bêtise, il se rencoigna dans son trou, désespéré d'avoir à passer un temps indéfini en si gênante posture et en si mauvaise compagnie.

L'archidiacre cependant ne s'était pas même levé pour ce personnage. Il lui avait fait signe de s'asseoir sur un escabeau voisin de la porte, et, après quelques moments d'un silence qui semblait continuer une méditation antérieure, il lui avait dit avec quelque protection: – Bonjour, maître Jacques.

– Salut, maître! avait répondu l'homme noir.

Il y avait dans les deux manières dont fut prononcé d'une part ce maître Jacques, de l'autre ce maître par excellence, la différence du monseigneur au monsieur, du domine au domne. C'était évidemment l'abord du docteur et du disciple.

– Eh bien, reprit l'archidiacre après un nouveau silence que maître Jacques se garda bien de troubler, réussissez-vous?

– Hélas, mon maître, dit l'autre avec un sourire triste, je souffle toujours. De la cendre tant que j'en veux. Mais pas une étincelle d'or.

Dom Claude fit un geste d'impatience. – Je ne vous parle pas de cela, maître Jacques Charmolue, mais du procès de votre magicien. N'est-ce pas Marc Cenaine que vous le nommez, le sommelier de la Cour des comptes? Avoue-t-il sa magie? La question vous a-t-elle réussi?

– Hélas non, répondit maître Jacques, toujours avec son sourire triste. Nous n'avons pas cette consolation. Cet homme est un caillou. Nous le ferons bouillir au Marché-aux-Pourceaux, avant qu'il ait rien dit. Cependant nous n'épargnons rien pour arriver à la vérité. Il est déjà tout disloqué. Nous y mettons toutes les herbes de la Saint-Jean, comme dit le vieux comique Plautus.

Advorsum stimulos, laminas, crucesque, compedesque.

Nervos, catenas, carceres, numellas, pedicas, boias.

Rien n'y fait. Cet homme est terrible. J'y perds mon latin.

– Vous n'avez rien trouvé de nouveau dans sa maison?

– Si fait, dit maître Jacques en fouillant dans son escarcelle, ce parchemin. Il y a des mots dessus que nous ne comprenons pas. Monsieur l'avocat criminel Philippe Lheulier sait pourtant un peu d'hébreu qu'il a appris dans l'affaire des juifs de la rue Kantersten à Bruxelles.

En parlant ainsi, maître Jacques déroulait un parchemin.

– Donnez, dit l'archidiacre. Et jetant les yeux sur cette pancarte: – Pure magie, maître Jacques! s'écria-t-il. Emen-hétan! c'est le cri des stryges quand elles arrivent au sabbat. Per ipsum, et cum ipso, et in ipso! c'est le commandement qui recadenasse le diable en enfer. Hax, pax, max! ceci est de la médecine. Une formule contre la morsure des chiens enragés. Maître Jacques! vous êtes procureur du roi en cour d'église, ce parchemin est abominable.

– Nous remettrons l'homme à la question. Voici encore, ajouta maître Jacques en fouillant de nouveau dans sa sacoche, ce que nous avons trouvé chez Marc Cenaine. C'était un vase de la famille de ceux qui couvraient le fourneau de dom Claude. – Ah! dit l'archidiacre, un creuset d'alchimie.

– Je vous avouerai, reprit maître Jacques avec son sourire timide et gauche, que je l'ai essayé sur le fourneau, mais je n'ai pas mieux réussi qu'avec le mien.

L'archidiacre se mit à examiner le vase. – Qu'a-t-il gravé sur son creuset? Och! och! le mot qui chasse les puces! Ce Marc Cenaine est ignorant! Je le crois bien, que vous ne ferez pas d'or avec ceci! c'est bon à mettre dans votre alcôve l'été, et voilà tout!

– Puisque nous en sommes aux erreurs, dit le procureur du roi, je viens d'étudier le portail d'en bas avant de monter; votre révérence est-elle bien sûre que l'ouverture de l'ouvrage de physique y est figurée du côté de l'Hôtel-Dieu, et que, dans les sept figures nues qui sont aux pieds de Notre-Dame, celle qui a des ailes aux talons est Mercurius?

– Oui, répondit le prêtre. C'est Augustin Nypho qui l'écrit, ce docteur italien qui avait un démon barbu lequel lui apprenait toute chose. Au reste, nous allons descendre, et je vous expliquerai cela sur le texte.

– Merci, mon maître, dit Charmolue en s'inclinant jusqu'à terre. – À propos, j'oubliais! quand vous plaît-il que je fasse appréhender la petite magicienne?

– Quelle magicienne?

– Cette bohémienne que vous savez bien, qui vient tous les jours baller sur le parvis malgré la défense de l'official! Elle a une chèvre possédée qui a des cornes du diable, qui lit, qui écrit, qui sait la mathématique comme Picatrix, et qui suffirait à faire pendre toute la Bohême. Le procès est tout prêt. Il sera bientôt fait, allez! Une jolie créature, sur mon âme, que cette danseuse! les plus beaux yeux noirs! deux escarboucles d'Égypte. Quand commençons-nous?

L'archidiacre était excessivement pâle.

– Je vous dirai cela, balbutia-t-il d'une voix à peine articulée. Puis il reprit avec effort: – Occupez-vous de Marc Cenaine.

– Soyez tranquille, dit en souriant Charmolue. Je vais le faire reboucler sur le lit de cuir en rentrant. Mais c'est un diable d'homme. Il fatigue Pierrat Torterue lui-même, qui a les mains plus grosses que moi. Comme dit ce bon Plautus.

Nudus vinctus, centum pondo, es quando pendes per pedes.

La question au treuil! c'est ce que nous avons de mieux. Il y passera.

Dom Claude semblait plongé dans une sombre distraction. Il se tourna vers Charmolue.

– Maître Pierrat... maître Jacques, veux-je dire, occupez-vous de Marc Cenaine!

– Oui, oui, dom Claude. Pauvre homme! il aura souffert comme Mummo. Quelle idée aussi, d'aller au sabbat! un sommelier de la Cour des comptes, qui devrait connaître le texte de Charlemagne, Stryga vel masca! – Quant à la petite, – Smelarda, comme ils l'appellent, – j'attendrai vos ordres. – Ah! en passant sous le portail, vous m'expliquerez aussi ce que veut dire le jardinier de plate peinture qu'on voit en entrant dans l'église. N'est-ce pas le Semeur? – Hé! maître, à quoi pensez-vous donc?

Dom Claude, abîmé en lui-même, ne l'écoutait plus. Charmolue, en suivant la direction de son regard, vit qu'il s'était fixé machinalement à la grande toile d'araignée qui tapissait la lucarne. En ce moment, une mouche étourdie qui cherchait le soleil de mars vint se jeter à travers ce filet et s'y englua. À l'ébranlement de sa toile, l'énorme araignée fit un mouvement brusque hors de sa cellule centrale, puis d'un bond elle se précipita sur la mouche, qu'elle plia en deux avec ses antennes de devant, tandis que sa trompe hideuse lui fouillait la tête. – Pauvre mouche! dit le procureur du roi en cour d'église, et il leva la main pour la sauver. L'archidiacre, comme réveillé en sursaut, lui retint le bras avec une violence convulsive.

– Maître Jacques, cria-t-il, laissez faire la fatalité!

Le procureur se retourna effaré. Il lui semblait qu'une pince de fer lui avait pris le bras. L'oeil du prêtre était fixe, hagard, flamboyant, et restait attaché au petit groupe horrible de la mouche et de l'araignée.

– Oh! oui, continua le prêtre avec une voix qu'on eût dit venir de ses entrailles, voilà un symbole de tout. Elle vole, elle est joyeuse, elle vient de naître; elle cherche le printemps, le grand air, la liberté; oh! oui, mais qu'elle se heurte à la rosace fatale, l'araignée en sort, l'araignée hideuse! Pauvre danseuse! pauvre mouche prédestinée! Maître Jacques, laissez faire! c'est la fatalité! – Hélas! Claude, tu es l'araignée. Claude, tu es la mouche aussi! Tu volais à la science, à la lumière, au soleil, tu n'avais souci que d'arriver au grand air, au grand jour de la vérité éternelle; mais, en te précipitant vers la lucarne éblouissante qui donne sur l'autre monde, sur le monde de la clarté, de l'intelligence et de la science, mouche aveugle, docteur insensé, tu n'as pas vu cette subtile toile d'araignée tendue par le destin entre la lumière et toi, tu t'y es jeté à corps perdu, misérable fou, et maintenant tu te débats, la tête brisée et les ailes arrachées, entre les antennes de fer de la fatalité! – Maître Jacques! maître Jacques! laissez faire l'araignée.

– Je vous assure, dit Charmolue qui le regardait sans comprendre, que je n'y toucherai pas. Mais lâchez-moi le bras, maître, de grâce! vous avez une main de tenaille.

L'archidiacre ne l'entendait pas. – Oh! insensé! reprit-il sans quitter la lucarne des yeux. Et quand tu l'aurais pu rompre, cette toile redoutable, avec tes ailes de moucheron, tu crois que tu aurais pu atteindre à la lumière! Hélas! cette vitre qui est plus loin, cet obstacle transparent, cette muraille de cristal plus dur que l'airain qui sépare toutes les philosophies de la vérité, comment l'aurais-tu franchie? Ô vanité de la science! que de sages viennent de bien loin en voletant s'y briser le front! que de systèmes pêle-mêle se heurtent en bourdonnant à cette vitre éternelle!

Il se tut. Ces dernières idées, qui l'avaient insensiblement ramené de lui-même à la science, paraissaient l'avoir calmé. Jacques Charmolue le fit tout à fait revenir au sentiment de la réalité, en lui adressant cette question: – Or çà, mon maître, quand viendrez-vous m'aider à faire de l'or? Il me tarde de réussir.

L'archidiacre hocha la tête avec un sourire amer. – Maître Jacques, lisez Michel Psellus, Dialogus de energia et operatione daemonum. Ce que nous faisons n'est pas tout à fait innocent.

– Plus bas, maître! je m'en doute, dit Charmolue. Mais il faut bien faire un peu d'hermétique quand on n'est que procureur du roi en cour d'église, à trente écus tournois par an. Seulement parlons bas.

En ce moment un bruit de mâchoire et de mastication qui partait de dessous le fourneau vint frapper l'oreille inquiète de Charmolue.

– Qu'est cela? demanda-t-il.

C'était l'écolier qui, fort gêné et fort ennuyé dans sa cachette, était parvenu à y découvrir une vieille croûte et un triangle de fromage moisi, et s'était mis à manger le tout sans façon, en guise de consolation et de déjeuner. Comme il avait grand'faim, il faisait grand bruit, et il accentuait fortement chaque bouchée, ce qui avait donné l'éveil et l'alarme au procureur.

– C'est un mien chat, dit vivement l'archidiacre, qui se régale là-dessous de quelque souris.

Cette explication satisfit Charmolue.

– En effet, maître, répondit-il avec un sourire respectueux, tous les grands philosophes ont eu leur bête familière. Vous savez ce que dit Servius: Nullus enim locus sine genio est.

Cependant dom Claude, qui craignait quelque nouvelle algarade de Jehan, rappela à son digne disciple qu'ils avaient quelques figures du portail à étudier ensemble, et tous deux sortirent de la cellule, au grand ouf! de l'écolier, qui commençait à craindre sérieusement que son genou ne prit l'empreinte de son menton.

VI

EFFET QUE PEUVENT PRODUIRE
SEPT JURONS EN PLEIN AIR

TE Deum laudamus! s'écria maître Jehan en sortant de son trou, voilà les deux chats-huants partis. Och! och! Hax! pax! max! les puces! les chiens enragés! le diable! j'en ai assez de leur conversation! La tête me bourdonne comme un clocher. Du fromage moisi par-dessus le marché! Sus! descendons, prenons l'escarcelle du grand frère, et convertissons toutes ces monnaies en bouteilles!

Il jeta un coup d'oeil de tendresse et d'admiration l'intérieur de la précieuse escarcelle, rajusta sa toilette, frotta ses bottines, épousseta ses pauvres manches-mahoîtres toutes grises de cendre, siffla un air, pirouetta une gambade, examina s'il ne restait pas quelque chose à prendre dans la cellule, grapilla çà et là sur le fourneau quelque amulette de verroterie bonne à donner en guise de bijou à Isabeau la Thierrye, enfin ouvrit la porte, que son frère avait laissée ouverte par une dernière indulgence, et qu'il laissa ouverte à son tour par une dernière malice, et descendit l'escalier circulaire en sautillant comme un oiseau.

Au milieu des ténèbres de la vis il coudoya quelque chose qui se rangea en grognant, il présuma que c'était Quasimodo, et cela lui parut si drôle qu'il descendit le reste de l'escalier en se tenant les côtes de rire. En débouchant sur la place, il riait encore.

Il frappa du pied quand il se retrouva à terre. – Oh! dit-il, bon et honorable pavé de Paris! maudit escalier à essouffler les anges de l'échelle Jacob! À quoi pensais-je de m'aller fourrer dans cette vrille de pierre qui perce le ciel, le tout pour manger du fromage barbu, et pour voir les clochers de Paris par une lucarne!

Il fit quelques pas, et aperçut les deux chats-huants, c'est-à-dire dom Claude et maître Jacques Charmolue, en contemplation devant une sculpture du portail. Il s'approcha d'eux sur la pointe des pieds, et entendit l'archidiacre qui disait tout bas à Charmolue: – C'est Guillaume de Paris qui a fait graver un Job sur cette pierre couleur lapis-lazuli, dorée par les bords. Job figure sur la pierre philosophale, qui doit être éprouvée et martyrisée aussi pour devenir parfaite, comme dit Raymond Lulle: Sub conservatione formae specificae salva anima.

– Cela m'est bien égal, dit Jehan, c'est moi qui ai la bourse.

En ce moment il entendit une voix forte et sonore articuler lui une série formidable de jurons. – Sang-Dieu! ventre-Dieu! bédieu! corps de Dieu! nombril de Belzébuth! nom d'un pape! corne et tonnerre!

– Sur mon âme, s'écria Jehan, ce ne peut-être que mon ami le capitaine Phoebus!

Ce nom de Phoebus arriva aux oreilles de l'archidiacre au moment où il expliquait au procureur du roi le dragon qui cache sa queue dans un bain d'où sort de la fumée et une tête de roi. Dom Claude tressaillit, s'interrompit, à la grande stupeur de Charmolue, se retourna, et vit son frère Jehan qui abordait un grand officier à la porte du logis Gondelaurier.

C'était en effet Monsieur le capitaine Phoebus de Châteaupers. Il était adossé à l'angle de la maison de sa fiancée, et il jurait comme un païen.

— Ma foi, capitaine Phoebus, dit Jehan en lui prenant la main, vous sacrez avec une verve admirable.

— Corne et tonnerre! répondit le capitaine.

— Corne et tonnerre vous-même! répliqua l'écolier. Or çà, gentil capitaine, d'où vous vient ce débordement de belles paroles?

— Pardon, bon camarade Jehan, s'écria Phoebus en lui secouant la main, cheval lancé ne s'arrête pas court. Or, je jurais au grand galop. Je viens de chez ces bégueules, et quand j'en sors, j'ai toujours la gorge pleine de jurements; il faut que je les crache, ou j'étoufferais, ventre et tonnerre!

— Voulez-vous venir boire? demanda l'écolier.

Cette proposition calma le capitaine.

— Je veux bien, mais je n'ai pas d'argent.

— J'en ai, moi!

— Bah! voyons?

Jehan étala l'escarcelle aux yeux du capitaine, avec majesté et simplicité. Cependant l'archidiacre, qui avait laissé là Charmolue ébahi, était venu jusqu'à eux et s'était arrêté à quelques pas, les observant tous deux sans qu'ils prissent garde à lui, tant la contemplation de l'escarcelle les absorbait.

Phoebus s'écria: — Une bourse dans votre poche, Jehan, c'est la lune dans un seau d'eau. On l'y voit, mais elle n'y est pas. Il n'y en a que l'ombre. Pardieu! gageons que ce sont des cailloux!

Jehan répondit froidement: — Voilà les cailloux dont je cailloute mon gousset.

Et, sans ajouter une parole, il vida l'escarcelle sur une borne voisine, de l'air d'un romain sauvant la patrie.

– Vrai Dieu! grommela Phoebus, des targes, des grands-blancs, des petits-blancs, des mailles d'un tournois les deux, des deniers parisis, de vrais liards-à-l'aigle! C'est éblouissant!

Jehan demeurait digne et impassible. Quelques liards avaient roulé dans la boue; le capitaine, dans son enthousiasme, se baissa pour les ramasser. Jehan le retint: – Fi, capitaine Phoebus de Châteaupers!

Phoebus compta la monnaie et se tournant avec solennité vers Jehan: – Savez-vous, Jehan, qu'il y a vingt-trois sous parisis! Qui avez-vous donc dévalisé cette nuit, rue Coupe-Gueule?

Jehan rejeta en arrière sa tête blonde et bouclée, et dit en fermant à demi des yeux dédaigneux: – On a un frère archidiacre et imbécile.

– Corne de Dieu! s'écria Phoebus, le digne homme!

– Allons boire, dit Jehan.

– Où irons-nous? dit Phoebus. À la Pomme d'Ève?

– Non, capitaine. Allons à la Vieille Science. Une vieille qui scie une anse. C'est un rébus. J'aime cela.

– Foin des rébus, Jehan! le vin est meilleur à la Pomme d'Ève. Et puis, à côté de la porte il y a une vigne au soleil qui m'égaie quand je bois.

– Eh bien! va pour Ève et sa pomme, dit l'écolier; et prenant le bras de Phoebus: – À propos, mon cher capitaine, vous avez dit tout à l'heure la rue Coupe-Gueule. C'est fort mal parler. On n'est plus si barbare à présent. On dit la rue Coupe-Gorge.

Les deux amis se mirent en route vers la Pomme d'Ève. Il est inutile de dire qu'ils avaient d'abord ramassé l'argent et que l'archidiacre les suivait.

L'archidiacre les suivait, sombre et hagard. Était-ce là le Phoebus dont le nom maudit, depuis son entrevue avec Gringoire, se mêlait à toutes ses pensées? il ne le savait, mais, enfin, c'était un Phoebus, et ce nom magique suffisait pour que l'archidiacre suivit à pas de loup les deux insouciants compagnons, écoutant leurs paroles et observant leurs moindres gestes avec une anxiété attentive. Du reste, rien de plus facile que d'entendre tout ce qu'ils disaient, tant ils parlaient haut, fort peu gênés de mettre les passants de moitié dans leurs confidences. Ils parlaient duels, filles, cruches, folies.

Au détour d'une rue, le bruit d'un tambour de basque leur vint d'un carrefour voisin. Dom Claude entendit l'officier qui disait à l'écolier:

– Tonnerre! doublons le pas.

– Pourquoi, Phoebus?

– J'ai peur que la bohémienne ne me voie.

– Quelle bohémienne?

– La petite qui a une chèvre.

– La Smeralda?

– Justement, Jehan. J'oublie toujours son diable de nom. Dépêchons, elle me reconnaîtrait. Je ne veux pas que cette fille m'accoste dans la rue.

– Est-ce que vous la connaissez, Phoebus?

Ici l'archidiacre vit Phoebus ricaner, se pencher à l'oreille de Jehan, et lui dire quelques mots tout bas. Puis Phoebus éclata de rire et secoua la tête d'un air triomphant.

– En vérité? dit Jehan.

– Sur mon âme! dit Phoebus.

– Ce soir?

– Ce soir.

– Êtes-vous sûr qu'elle viendra?

– Mais êtes-vous fou, Jehan? est-ce qu'on doute de ces choses-là?

– Capitaine Phoebus, vous êtes un heureux gendarme!

L'archidiacre entendit toute cette conversation. Ses dents claquèrent. Un frisson, visible aux yeux, parcourut tout soc corps. Il s'arrêta un moment, s'appuya à une borne comme un homme ivre, puis il reprit la piste des deux joyeux drôles.

Au moment où il les rejoignit, ils avaient changé de conversation. Il les entendit chanter à tue-tête le vieux refrain:

Les enfants des Petits-Carreaux

Se font pendre comme des veaux.

VII

LE MOINE-BOURRU

L'ILLUSTRE cabaret de la Pomme d'Ève était situé dans l'Université, au coin de la rue de la Rondelle et de la rue du Bâtonnier. C'était une salle au rez-de-chaussée, assez vaste et fort basse, avec une voûte dont la retombée centrale s'appuyait sur un gros pilier de bois peint en jaune; des tables partout, de luisants brocs d'étain accrochés au mur, toujours force buveurs, des filles à foison, un vitrage sur la rue, une vigne à la porte, et au-dessus de cette porte une criarde planche de tôle, enluminée d'une pomme et d'une femme, rouillée par la pluie et tournant au vent sur une broche de fer. Cette façon de girouette qui regardait le pavé était l'enseigne.

La nuit tombait. Le carrefour était noir. Le cabaret plein de chandelles flamboyait de loin comme une forge dans l'ombre. On entendait le bruit des verres, des ripailles, des jurements, des querelles qui s'échappait par les carreaux cassés. À travers la brume que la chaleur de la salle répandait sur la devanture vitrée, on voyait fourmiller cent figures confuses, et de temps en temps un éclat de rire sonore s'en détachait. Les passants qui allaient à leurs affaires longeaient sans y jeter les yeux cette vitre tumultueuse. Seulement, par intervalles, quelque petit garçon en guenilles se haussait sur la pointe des pieds jusqu'à l'appui de la devanture et jetait dans le cabaret la vieille huée goguenarde dont on poursuivait alors les ivrognes: – Aux Houls, saouls, saouls, saouls!

Un homme cependant se promenait imperturbablement devant la bruyante taverne, y regardant sans cesse, et ne s'en écartant pas plus qu'un piquier de sa guérite. Il avait un manteau jusqu'au nez. Ce manteau, il venait de l'acheter au fripier qui avoisinait la Pomme d'Ève, sans doute pour se garantir du froid des soirées de mars, peut-être pour cacher son costume. De temps en temps il s'arrêtait devant le vitrage trouble à mailles de plomb, il écoutait, regardait, et frappait du pied.

Enfin la porte du cabaret s'ouvrit. C'est ce qu'il paraissait attendre. Deux buveurs en sortirent. Le rayon de lumière qui s'échappa de la porte empourpra un moment leurs joviales figures. L'homme au manteau s'alla mettre en observation sous un porche de l'autre côté de la rue.

– Corne et tonnerre! dit l'un des deux buveurs. Sept heures vont toquer. C'est l'heure de mon rendez-vous.

– Je vous dis, reprenait son compagnon avec une langue épaisse, que je ne demeure pas rue des Mauvaises-Paroles, indignus qui inter mala verba habitat. J'ai logis rue Jean-Pain-Mollet, in vico Johannis-Pain-Mollet. – Vous êtes plus cornu qu'un unicorne, si vous dites le contraire. Chacun sait que qui monte une fois sur un ours n'a jamais peur, mais vous avez le nez tourné à la friandise, comme Saint-Jacques de l'Hôpital.

– Jehan, mon ami, vous êtes ivre, disait l'autre.

L'autre répondit en chancelant: – Cela vous plaît à dire, Phoebus, mais il est prouvé que Platon avait le profil d'un chien de chasse.

Le lecteur a sans doute déjà reconnu nos deux braves amis, le capitaine et l'écolier. Il paraît que l'homme qui les guettait dans l'ombre les avait reconnus aussi, car il suivait à pas lents tous les zigzags que l'écolier faisait faire au capitaine, lequel, buveur plus aguerri, avait conservé tout son sang-froid. En les écoutant attentivement, l'homme au manteau put saisir dans son entier l'intéressante conversation que voici:

– Corbacque! tâchez donc de marcher droit, monsieur le bachelier. Vous savez qu'il faut que je vous quitte. Voilà sept heures. J'ai rendez-vous avec une femme.

– Laissez-moi donc, vous! Je vois des étoiles et des lances de feu. Vous êtes comme le château de Dampmartin qui crève de rire.

– Par les verrues de ma grand'mère, Jehan, c'est déraisonner avec trop d'acharnement. – À propos, Jehan, est-ce qu'il ne vous reste plus d'argent?

– Monsieur le recteur, il n'y a pas de faute, la petite boucherie, parva boucheria.

– Jehan, mon ami Jehan! vous savez que j'ai donné rendez-vous à cette petite au bout du Pont Saint-Michel, que je ne puis la mener que chez la Falourdel, la vilotière du pont, et qu'il faudra payer la chambre. La vieille ribaude à moustaches blanches ne me fera pas crédit. Jehan! de grâce! est-ce que nous avons bu toute l'escarcelle du curé? est-ce qu'il ne vous reste plus un parisis?

– La conscience d'avoir bien dépensé les autres heures est un juste et savoureux condiment de table.

– Ventre et boyaux! trêve aux billevesées! Dites-moi, Jehan du diable, vous reste-t-il quelque monnaie? Donnez, bédieu! ou je vais vous fouiller, fussiez-vous lépreux comme Job et galeux comme César!

– Monsieur, la rue Galiache est une rue qui a un bout rue de la Verrerie, et l'autre rue de la Tixeranderie.

– Eh bien oui, mon bon ami Jehan, mon pauvre camarade; la rue Galiache, c'est bien, c'est très bien. Mais, au nom du ciel, revenez à vous. Il ne me faut qu'un sou parisis, et c'est pour sept heures.

– Silence à la ronde, et attention au refrain:

Quand les rats mangeront les cats.

Le loi sera seigneur d'Arras;

Quand la mer, qui est grande et lée.

Sera à la Saint-Jean gelée.

On verra, par-dessus la glace.

Sortir ceux d'Arras de leur place.

– Eh bien, écolier de l'Antechrist, puisses-tu être étranglé avec les tripes de ta mère! s'écria Phoebus, et il poussa rudement l'écolier ivre, lequel glissa contre le mur et tomba mollement sur le pavé de Philippe-Auguste. Par un reste de cette pitié fraternelle qui n'abandonne jamais le coeur d'un buveur, Phoebus roula Jehan avec le pied sur un de ces oreillers du pauvre que la providence tient prêts au coin de toutes les bornes de Paris, et que les riches flétrissent dédaigneusement du nom de tas d'ordures. Le capitaine arrangea la tête de Jehan sur un plan incliné de trognons de choux, et à l'instant même l'écolier se mit à ronfler avec une basse-taille magnifique. Cependant toute rancune n'était pas éteinte au coeur du capitaine. – Tant pis si la charrette du diable te ramasse en passant! dit-il au pauvre clerc endormi, et il s'éloigna.

L'homme au manteau, qui n'avait cessé de le suivre, s'arrêta un moment devant l'écolier gisant, comme si une indécision l'agitait; puis, poussant un profond soupir, il s'éloigna aussi à la suite du capitaine.

Nous laisserons, comme eux, Jehan dormir sous le regard bienveillant de la belle étoile, et nous les suivrons aussi, s'il plaît au lecteur.

En débouchant dans la rue Saint-André-des-Arcs, le capitaine Phoebus s'aperçut que quelqu'un le suivait. Il vit, en détournant par hasard les yeux, une espèce d'ombre qui rampait derrière lui le long des murs. Il s'arrêta, elle s'arrêta. Il se remit en marche, l'ombre se remit en marche. Cela ne l'inquiéta que fort médiocrement. – Ah bah! se dit-il en lui-même, je n'ai pas le sou.

Devant la façade du collège d'Autun il fit halte. C'est à ce collège qu'il avait ébauché ce qu'il appelait ses études, et, par une habitude d'écolier taquin qui lui était restée, il ne passait jamais devant la façade sans faire subir à la statut du cardinal Pierre Bertrand, sculptée à droite du portail, l'espèce d'affront dont se plaint si amèrement Priape dans la satire d'Horace Olim truncus eram ficulnus. Il y avait mis tant d'acharnement que l'inscription Eduensis episcopus en était presque effacée. Il s'arrêta donc devant la statue comme à son ordinaire. La rue était tout à fait déserte. Au moment où il renouait nonchalamment ses aiguillettes, le nez au vent, il vit l'ombre qui s'approchait de lui à pas lents, si lents qu'il eut tout le temps d'observer que cette ombre avait un manteau et un chapeau. Arrivée près de lui, elle s'arrêta et demeura plus immobile que la statue du cardinal Bertrand. Cependant elle attachait sur Phoebus deux yeux fixes pleins de cette lumière vague qui sort la nuit de la prunelle d'un chat.

Le capitaine était brave et se serait fort peu soucié d'un larron l'estoc au poing. Mais cette statue qui marchait, cet homme pétrifié le glacèrent. Il courait alors par le monde je ne sais quelles histoires du moine-bourru, rôdeur nocturne des rues de Paris, qui lui revinrent confusément en mémoire.

Il resta quelques minutes stupéfait, et rompit enfin le silence, en s'efforçant de rire.

– Monsieur, si vous êtes un voleur, comme je l'espère, vous me faites l'effet d'un héron qui s'attaque à une coquille de noix. Je suis un fils de famille ruiné, mon cher. Adressez-vous à côté. Il y a dans la chapelle de ce collège du bois de la vraie croix, qui est dans de l'argenterie.

La main de l'ombre sortit de dessous son manteau et s'abattit sur le bras de Phoebus avec la pesanteur d'une serre d'aigle. En même temps l'ombre parla: – Capitaine Phoebus de Châteaupers

– Comment diable! dit Phoebus, vous savez mon nom!

– Je ne sais pas seulement votre nom, reprit l'homme au manteau avec sa voix de sépulcre. Vous avez un rendez-vous ce soir.

– Oui, répondit Phoebus stupéfait.

– À sept heures.

– Dans un quart d'heure.

– Chez la Falourdel.

– Précisément.

– La vilotière du Pont Saint-Michel.

– De saint Michel archange, comme dit la patenôtre.

– Impie! grommela le spectre. – Avec une femme?

– Confiteor.

– Qui s'appelle...

– La Smeralda, dit Phoebus allègrement. Toute son insouciance lui était revenue par degrés.

À ce nom, la serre de l'ombre secoua avec fureur le bras de Phoebus.

– Capitaine Phoebus de Châteaupers, tu mens!

Qui eût pu voir en ce moment le visage enflammé du capitaine, le bond qu'il fit en arrière, si violent qu'il se dégagea de la tenaille qui l'avait saisi, la fière mine dont il jeta si main à la garde de son épée, et devant cette colère la morne immobilité de l'homme au manteau, qui eût vu cela eût été effrayé. C'était quelque chose du combat de don Juan et de la statue.

– Christ et Satan! cria le capitaine. Voilà une parole qui s'attaque rarement à l'oreille d'un Châteaupers! tu n'oserais pas la répéter.

– Tu mens! dit l'ombre froidement.

Le capitaine grinça des dents. Moine-bourru, fantôme, superstitions, il avait tout oublié en ce moment. Il ne voyait plus qu'un homme et qu'une insulte.

– Ah! voilà qui va bien! balbutia-t-il d'une voix étouffée de rage. Il tira son épée, puis bégayant, car la colère fait trembler comme la peur: – Ici! tout de suite! sus! les épées! les épées! du sang sur ces pavés!

Cependant l'autre ne bougeait. Quand il vit son adversaire en garde et prêt à se fendre: – Capitaine Phoebus, dit-il, et son accent vibrait avec amertume, vous oubliez votre rendez-vous.

Les emportements des hommes comme Phoebus sont des soupes au lait dont une goutte d'eau froide affaisse l'ébullition. Cette simple parole fit baisser l'épée qui étincelait à la main du capitaine.

– Capitaine, poursuivit l'homme, demain, après-demain, dans un mois, dans dix ans, vous me retrouverez prêt à vous couper la gorge; mais allez d'abord à votre rendez-vous.

– En effet, dit Phoebus, comme s'il cherchait à capituler avec lui-même, ce sont deux choses charmantes à rencontrer en un rendez-vous qu'une épée et qu'une fille; mais je ne vois pas pourquoi je manquerais l'une pour l'autre, quand je puis avoir les deux.

Il remit l'épée au fourreau.

– Allez à votre rendez-vous, reprit l'inconnu.

– Monsieur, répondit Phoebus avec quelque embarras, grand merci de votre courtoisie. Au fait il sera toujours temps demain de nous découper à taillades et boutonnières le pourpoint du père Adam. Je vous sais gré de me permettre de passer encore un quart d'heure agréable. J'espérais bien vous coucher dans le ruisseau et arriver encore à temps pour la belle, d'autant mieux qu'il est de bon air de faire attendre un peu les femmes en pareil cas. Mais vous m'avez l'air d'un gaillard, et il est plus sûr de remettre la partie à demain. Je vais donc à mon rendez-vous. C'est pour sept heures, comme vous savez. – Ici Phoebus se gratta l'oreille. – Ah! corne-Dieu! j'oubliais! je n'ai pas un sou pour acquitter le truage du galetas, et la vieille matrulle voudra être payée d'avance. Elle se défie de moi.

– Voici de quoi payer.

Phoebus sentit la main froide de l'inconnu glisser dans la sienne une large pièce de monnaie. Il ne put s'empêcher de prendre cet argent et de serrer cette main.

– Vrai Dieu! s'écria-t-il, vous êtes un bon enfant!

– Une condition, dit l'homme. Prouvez-moi que j'ai eu tort et que vous disiez vrai. Cachez-moi dans quelque coin d'où je puisse voir si cette femme est vraiment celle dont vous avez dit le nom.

– Oh! répondit Phoebus, cela m'est bien égal. Nous prendrons la chambre à Sainte-Marthe. Vous pourrez voir à votre aise du chenil qui est à côté.

– Venez donc, reprit l'ombre.

– À votre service, dit le capitaine. Je ne sais si vous n'êtes pas messer Diabolus en propre personne. Mais soyons bons amis ce soir. Demain je vous paierai toutes mes dettes, de la bourse et de l'épée.

Ils se remirent à marcher rapidement. Au bout de quelques minutes, le bruit de la rivière leur annonça qu'ils étaient sur le Pont Saint-Michel, alors chargé de maisons. – Je vais d'abord vous introduire, dit Phoebus à son compagnon; j'irai ensuite chercher la belle qui doit m'attendre près du Petit-Châtelet.

Le compagnon ne répondit rien. Depuis qu'ils marchaient côte à côte, il, n'avait dit mot. Phoebus s'arrêta devant une porte basse et heurta rudement. Une lumière parut aux fentes de la porte. – Qui est là? cria une voix édentée. – Corps-Dieu! tête-Dieu! ventre-Dieu! répondit le capitaine. La porte s'ouvrit sur-le-champ, et laissa voir aux arrivants une vieille femme et une vieille lampe qui tremblaient toutes deux. La vieille était pliée en deux, vêtue de guenilles, branlante du chef, percée à petits yeux, coiffée d'un torchon, ridée partout, aux mains, à la face, au cou; ses lèvres rentraient sous ses gencives, et elle avait tout autour de la bouche des pinceaux de poils blancs qui lui donnaient la mine embabouinée d'un chat. L'intérieur du bouge n'était pas moins délabré qu'elle. C'étaient des murs de craie, des solives noires au plafond, une cheminée démantelée, des toiles d'araignée à tous les coins, au milieu un troupeau chancelant de tables et d'escabelles boiteuses, un enfant sale dans les cendres, et dans le fond un escalier ou plutôt une échelle de bois qui aboutissait à une trappe au plafond. En pénétrant dans ce repaire, le mystérieux compagnon de Phoebus haussa son manteau jusqu'à ses yeux. Cependant le capitaine, tout en jurant comme un sarrasin, se hâta de faire dans un écu reluire le soleil, comme dit notre admirable Régnier. – La chambre à Sainte-Marthe, dit-il.

La vieille le traita de monseigneur, et serra l'écu dans un tiroir. C'était la pièce que l'homme au manteau noir avait donnée à Phoebus. Pendant qu'elle tournait le dos, le petit garçon chevelu et déguenillé qui jouait dans les cendres s'approcha adroitement du tiroir, y prit l'écu, et mit à la place une feuille sèche qu'il avait arrachée d'un fagot.

La vieille fit signe aux deux gentilshommes, comme elle les nommait, de la suivre, et monta l'échelle devant eux. Parvenue à l'étage supérieur, elle posa sa lampe sur un coffre, et Phoebus, en habitué de la maison, ouvrit une porte qui donnait sur un bouge obscur. – Entrez là, mon cher, dit-il à son compagnon. L'homme au manteau obéit sans répondre une parole. La porte retomba sur lui. Il entendit Phoebus la refermer au verrou, et un moment après redescendre l'escalier avec la vieille. La lumière avait disparu.

VIII

UTILITÉ DES FENÊTRES QUI
DONNENT SUR LA RIVIÈRE

CLAUDE Frollo (car nous présumons que le lecteur, plus intelligent que Phoebus, n'a vu dans toute cette aventure d'autre moine-bourru que l'archidiacre), Claude Frollo tâtonna quelques instants dans le réduit ténébreux où le capitaine l'avait verrouillé. C'était un de ces recoins comme les architectes en réservent quelquefois au point de jonction du toit et du mur d'appui. La coupe verticale de ce chenil, comme l'avait si bien nommé Phoebus, eût donné un triangle. Du reste il n'y avait ni fenêtre ni lucarne, et le plan incliné du toit empêchait qu'on s'y tînt debout. Claude s'accroupit donc dans la poussière et dans les plâtras qui s'écrasaient sous lui. Sa tête était brûlante. En furetant autour de lui avec ses mains il trouva à terre un morceau de vitre cassée qu'il appuya sur son front et dont la fraîcheur le soulagea un peu.

Que se passait-il en ce moment dans l'âme obscure de l'archidiacre? lui et Dieu seul l'ont pu savoir.

Selon quel ordre fatal disposait-il dans sa pensée la Esmeralda, Phoebus, Jacques Charmolue, son jeune frère si aimé abandonné par lui dans la boue, sa soutane d'archidiacre, sa réputation peut-être, traînée chez la Falourdel, toutes ces images, toutes ces aventures? Je ne pourrais le dire. Mais il est certain que ces idées formaient dans son esprit un groupe horrible.

Il attendait depuis un quart d'heure; il lui semblait avoir vieilli d'un siècle. Tout à coup il entendit craquer les ais de l'escalier de bois. Quelqu'un montait. La trappe se rouvrit, une lumière reparut. Il y avait à la porte vermoulue de son bouge une fente assez large, il y colla son visage. De cette façon il pouvait voir tout ce qui se passait dans la chambre voisine. La vieille à face de chat sortit d'abord de la trappe, sa lampe à la main, puis Phoebus retroussant sa moustache, puis une troisième personne, cette belle et gracieuse figure, la Esmeralda. Le prêtre la vit sortir de terre comme une éblouissante apparition. Claude trembla, un nuage se répandit sur ses yeux, ses artères battirent avec force, tout bruissait et tournait autour de lui. Il ne vit et n'entendit plus rien.

Quand il revint à lui, Phoebus et la Esmeralda étaient seuls, assis sur le coffre de bois à côté de la lampe qui faisait saillir aux yeux de l'archidiacre ces deux jeunes figures, et un misérable grabat au fond du galetas.

À côté du grabat il y avait une fenêtre dont le vitrail, défoncé comme une toile d'araignée sur laquelle la pluie a tombé, laissait voir à travers ses mailles rompues un coin du ciel et la lune couchée au loin sur un édredon de molles nuées.

La jeune fille était rouge, interdite, palpitante. Ses longs cils baissés ombrageaient ses joues de pourpre. L'officier, sur lequel elle n'osait lever les yeux, rayonnait. Machinalement, et avec un geste charmant de gaucherie, elle traçait du bout du doigt sur le banc des lignes incohérentes, et elle regardait son doigt. On ne voyait pas son pied, la petite chèvre était accroupie dessus.

Le capitaine était mis fort galamment; il avait au col et aux poignets des touffes de doreloterie: grande élégance d'alors.

Dom Claude ne parvint pas sans peine à entendre ce qu'ils se disaient, à travers le bourdonnement de son sang qui bouillait dans ses tempes.

(Chose assez banale qu'une causerie d'amoureux. C'est un je vous aime perpétuel. Phrase musicale fort nue et fort insipide pour les indifférents qui écoutent, quand elle n'est pas ornée de quelque fioriture. Mais Claude n'écoutait pas en indifférent.)

– Oh! disait la jeune fille sans lever les yeux, ne me méprisez pas, monseigneur Phoebus. Je sens que ce que je fais est mal.

– Vous mépriser, belle enfant! répondait l'officier d'un air de galanterie supérieure et distinguée, vous mépriser, tête-Dieu! et pourquoi?

– Pour vous avoir suivi.

– Sur ce propos, ma belle, nous ne nous entendons pas. Je ne devrais pas vous mépriser, mais vous haïr.

La jeune fille le regarda avec effroi: – Me haïr! qu'ai-je donc fait?

– Pour vous être tant fait prier.

– Hélas! dit-elle... c'est que je manque à un voeu... Je ne retrouverai pas mes parents... l'amulette perdra sa vertu. – Mais qu'importe? qu'ai-je besoin de père et de mère à présent?

En parlant ainsi, elle fixait sur le capitaine ses grands yeux noirs humides de joie et de tendresse.

– Du diable si je vous comprends! s'écria Phoebus.

La Esmeralda resta un moment silencieuse, puis une larme sortit de ses yeux, un soupir de ses lèvres, et elle dit: – Oh! monseigneur, je vous aime.

Il y avait autour de la jeune fille un tel parfum de chasteté, un tel charme de vertu que Phoebus ne se sentait pas complètement à l'aise auprès d'elle. Cependant cette parole l'enhardit. – Vous m'aimez! dit-il avec transport, et il jeta son bras autour de la taille de l'égyptienne. Il n'attendait que cette occasion.

Le prêtre le vit, et essaya du bout du doigt la pointe d'un poignard qu'il tenait caché dans sa poitrine.

– Phoebus, poursuivit la bohémienne en détachant doucement de sa ceinture les mains tenaces du capitaine, vous êtes bon, vous êtes généreux, vous êtes beau. Vous m'avez sauvée, moi qui ne suis qu'une pauvre enfant perdue en Bohême. Il y a longtemps que je rêve d'un officier qui me sauve la vie. C'était de vous que je rêvais avant de vous connaître, mon Phoebus. Mon rêve avait une belle livrée comme vous, une grande mine, une épée. Vous vous appelez Phoebus, c'est un beau nom. J'aime votre nom, j'aime votre épée. Tirez donc votre épée, Phoebus, que je la voie.

– Enfant! dit le capitaine, et il dégaina sa rapière en souriant. L'égyptienne regarda la poignée, la lame, examina avec une curiosité adorable le chiffre de la garde, et baisa l'épée en lui disant: – Vous êtes l'épée d'un brave. J'aime mon capitaine.

Phoebus profita encore de l'occasion pour déposer sur son beau cou ployé un baiser qui fit redresser la jeune fille écarlate comme une cerise. Le prêtre en grinça des dents dans ses ténèbres.

– Phoebus, reprit l'égyptienne, laissez-moi vous parler. Marchez donc un peu, que je vous voie tout grand et que j'entende sonner vos éperons. Comme vous êtes beau!

Le capitaine se leva pour lui complaire, en la grondant avec un sourire de satisfaction: – Mais êtes-vous enfant!

– À propos, charmante, m'avez-vous vu en hoqueton de cérémonie?

– Hélas! non, répondit-elle.

– C'est cela qui est beau!

Phoebus vint se rasseoir près d'elle, mais beaucoup plus près qu'auparavant.

– Écoutez, ma chère...

L'égyptienne lui donna quelques petits coups de sa jolie main sur la bouche avec un enfantillage plein de folie, de grâce et de gaieté. – Non, non, je ne vous écouterai pas. M'aimez-vous? Je veux que vous me disiez si vous m'aimez.

– Si je t'aime, ange de ma vie! s'écria le capitaine en s'agenouillant à demi. Mon corps, mon sang, mon âme, tout est à toi, tout est pour toi. Je t'aime, et n'ai jamais aimé que toi.

Le capitaine avait tant de fois répété cette phrase, en mainte conjoncture pareille, qu'il la débita tout d'une haleine sans faire une seule faute de mémoire. À cette déclaration passionnée, l'égyptienne leva au sale plafond qui tenait lieu de ciel un regard plein d'un bonheur angélique. – Oh! murmura-t-elle, voilà le moment où l'on devrait mourir! Phoebus trouva «le moment» bon pour lui dérober un nouveau baiser qui alla torturer dans son coin le misérable archidiacre.

– Mourir! s'écria l'amoureux capitaine. Qu'est-ce que vous dites donc là, bel ange? C'est le cas de vivre, ou Jupiter n'est qu'un polisson! Mourir au commencement d'une si douce chose! corne-de-boeuf, quelle plaisanterie! – Ce n'est pas cela. – Écoutez, ma chère Similar... Esmenarda... Pardon, mais vous avez un nom si prodigieusement sarrazin que je ne puis m'en dépêtrer. C'est une broussaille qui m'arrête tout court.

– Mon Dieu, dit la pauvre fille, moi qui croyais ce nom joli pour sa singularité! Mais puisqu'il vous déplaît, je voudrais m'appeler Goton.

– Ah! ne pleurons pas pour si peu, ma gracieuse! c'est un nom auquel il faut s'accoutumer, voilà tout. Une fois que je le saurai par coeur, cela ira tout seul. – Écoutez donc, ma chère Similar, je vous adore à la passion. Je vous aime vraiment que c'est miraculeux. Je sais une petite qui en crève de rage...

La jalouse fille l'interrompit: – Qui donc?

– Qu'est-ce que cela nous fait? dit Phoebus. M'aimez-vous?

– Oh! dit-elle.

– Eh bien! c'est tout. Vous verrez comme je vous aime aussi. Je veux que le grand diable Neptunus m'enfourche si je ne vous rends pas la plus heureuse créature du monde. Nous aurons une jolie petite logette quelque part. Je ferai parader mes archers sous vos fenêtres. Ils sont tous à cheval et font la nargue à ceux du capitaine Mignon. Il y a des voulgiers, des cranequiniers et des couleuvriniers à main. Je vous conduirai aux grandes monstres des parisiens à la grange de Rully. C'est très magnifique. Quatre-vingt mille têtes armées; trente mille harnois blancs, jaques ou brigandines; les soixante-sept bannières des métiers; les étendards du parlement, de la chambre des comptes, du trésor des généraux, des aides des monnaies; un arroi du diable enfin! Je vous mènerai voir les lions de l'Hôtel du Roi qui sont des bêtes fauves. Toutes les femmes aiment cela.

Depuis quelques instants la jeune fille, absorbée dans ses charmantes pensées, rêvait au son de sa voix sans écouter le sens de ses paroles.

– Oh! vous serez heureuse! continua le capitaine, et en même temps il déboucla doucement la ceinture de l'égyptienne.

– Que faites-vous donc? dit-elle vivement. Cette voie de fait l'avait arrachée à sa rêverie.

– Rien, répondit Phoebus. Je disais seulement qu'il faudrait quitter toute cette toilette de folie et de coin de rue quand vous serez avec moi.

– Quand je serai avec toi, mon Phoebus! dit la jeune fille tendrement.

Elle redevint pensive et silencieuse.

Le capitaine, enhardi par sa douceur, lui prit la taille sans qu'elle résistât, puis se mit à délacer à petit bruit le corsage de la pauvre enfant, et dérangea si fort sa gorgerette que le prêtre haletant vit sortir de la gaze la belle épaule nue de la bohémienne, ronde et brune, comme la lune qui se lève dans la brume à l'horizon.

La jeune fille laissait faire Phoebus. Elle ne paraissait pas s'en apercevoir. L'oeil du hardi capitaine étincelait.

Tout à coup elle se tourna vers lui: – Phoebus, dit-elle avec une expression d'amour infinie, instruis-moi dans ta religion.

– Ma religion! s'écria le capitaine éclatant de rire. Moi, vous instruire dans ma religion! Corne et tonnerre! qu'est-ce que vous voulez faire de ma religion?

– C'est pour nous marier, répondit-elle. La figure du capitaine prit une expression mélangée de surprise, de dédain, d'insouciance et de passion libertine. – Ah bah! dit-il, est-ce qu'on se marie?

La bohémienne devint pâle et laissa tristement retomber sa tête sur sa poitrine.

– Belle amoureuse, reprit tendrement Phoebus, qu'est-ce que c'est que ces folies-là? Grand'chose que le mariage! est-on moins bien aimant pour n'avoir pas craché du latin dans la boutique d'un prêtre?

En parlant ainsi de sa voix la plus douce, il s'approchait extrêmement près de l'égyptienne, ses mains caressantes avaient repris leur poste autour de cette taille si fine et si souple, son oeil s'allumait de plus en plus, et tout annonçait que monsieur Phoebus touchait évidemment à l'un de ces moments où Jupiter lui-même fait tant de sottises que le bon Homère est obligé d'appeler un nuage à son secours.

Dom Claude cependant voyait tout. La porte était faite de douves de poinçon toutes pourries, qui laissaient entre elles de larges passages à son regard d'oiseau de proie. Ce prêtre à peau brune et à larges épaules, jusque-là condamné à l'austère virginité du cloître, frissonnait et bouillait devant cette scène d'amour, de nuit et de volupté. La jeune et belle fille livrée en désordre à cet ardent jeune homme lui faisait couler du plomb fondu dans les veines. Il se passait en lui des mouvements extraordinaires. Son oeil plongeait avec une jalousie lascive sous toutes ces épingles défaites. Qui eût pu voir en ce moment la figure du malheureux collée aux barreaux vermoulus eût cru voir une face de tigre regardant du fond d'une cage quelque chacal qui dévore une gazelle. Sa prunelle éclatait comme une chandelle à travers les fentes de la porte.

Tout à coup, Phoebus enleva d'un geste rapide la gorgerette de l'égyptienne. La pauvre enfant, qui était restée pâle et rêveuse, se réveilla comme en sursaut. Elle s'éloigna brusquement de l'entreprenant officier, et jetant un regard sur sa gorge et ses épaulés nues, rouge et confuse et muette de honte, elle croisa ses deux beaux bras sur son sein pour le cacher. Sans la flamme qui embrasait ses joues, à la voir ainsi silencieuse et immobile, on eût dit une statue de la pudeur. Ses yeux restaient baissés.

Cependant le geste du capitaine avait mis à découvert l'amulette mystérieuse qu'elle portait au cou. – Qu'est-ce que cela? dit-il en saisissant ce prétexte pour se rapprocher de la belle créature qu'il venait d'effaroucher.

– N'y touchez pas! répondit-elle vivement, c'est ma gardienne. C'est elle qui me fera retrouver ma famille si j'en leste digne. Oh! laissez-moi, monsieur le capitaine! Ma mère! ma pauvre mère! ma mère! où es-tu? à mon secours! Grâce, monsieur Phoebus! rendez-moi ma gorgerette!

Phoebus recula et dit d'un ton froid: – Oh! mademoiselle! que je vois bien que vous ne m'aimez pas!

– Je ne t'aime pas! s'écria la pauvre malheureuse enfant, et en même temps elle se pendit au capitaine qu'elle fit asseoir près d'elle. Je ne t'aime pas, mon Phoebus! Qu'est-ce que tu dis là, méchant, pour me déchirer le coeur? Oh! va! prends-moi, prends tout! fais ce que tu voudras de moi. Je suis à toi. Que m'importe l'amulette! que m'importe ma mère! c'est toi qui es ma mère, puisque je t'aime!

Phoebus, mon Phoebus bien-aimé, me vois-tu? c'est moi, regarde-moi. C'est cette petite que tu veux bien ne pas repousser, qui vient, qui vient elle-même te chercher. Mon âme, ma vie, mon corps, ma personne, tout cela est une chose qui est à vous, mon capitaine. Eh bien, non! ne nous marions pas, cela t'ennuie. Et puis, qu'est-ce que je suis, moi? une misérable fille du ruisseau, tandis que toi, mon Phoebus, tu es gentilhomme. Belle chose vraiment! une danseuse épouser un officier! j'étais folle. Non, Phoebus, non, je serai ta maîtresse, ton amusement, ton plaisir, quand tu voudras, une fille qui sera à toi, je ne suis faite que pour cela, souillée, méprisée, déshonorée, mais qu'importe! aimée. Je serai la plus fière et la plus joyeuse des femmes. Et quand je serai vieille ou laide, Phoebus, quand je ne serai plus bonne pour vous aimer, monseigneur, vous me souffrirez encore pour vous servir. D'autres vous broderont des écharpes. C'est moi la servante, qui en aurai soin. Vous me laisserez fourbir vos éperons, brosser votre hoqueton, épousseter vos bottes de cheval. N'est-ce pas mon Phoebus, que vous aurez cette pitié? En attendant, prends-moi! tiens, Phoebus, tout cela t'appartient, aime-moi seulement! Nous autres égyptiennes, il ne nous faut que cela, de l'air et de l'amour.

En parlant ainsi, elle jetait ses bras autour du cou de l'officier, elle le regardait du bas en haut suppliante et avec un beau sourire tout en pleurs, sa gorge délicate se frottait au pourpoint de drap et aux rudes broderies. Elle tordait sur ses genoux son beau corps demi-nu. Le capitaine, enivré, colla ses lèvres ardentes à ces belles épaules africaines. La jeune fille, les yeux perdus au plafond, renversée en arrière, frémissait toute palpitante sous ce baiser.

Tout à coup, au-dessus de la tête de Phoebus, elle vit une autre tête, une figure livide, verte, convulsive, avec un regard de damné. Près de cette figure il y avait une main qui tenait un poignard. C'était la figure et la main du prêtre. Il avait brisé la porte et il était là. Phoebus ne pouvait le voir. La jeune fille resta immobile, glacée, muette sous l'épouvantable apparition, comme une colombe qui lèverait la tête au moment où l'orfraie regarde dans son nid avec ses yeux ronds.

Elle ne put même pousser un cri. Elle vit le poignard s'abaisser sur Phoebus et se relever fumant. – Malédiction! dit le capitaine, et il tomba.

Elle s'évanouit.

Au moment où ses yeux se fermaient, où tout sentiment se dispersait en elle, elle crut sentir s'imprimer sur ses lèvres un attouchement de feu, un baiser plus brûlant que le fer rouge du bourreau.

Quand elle reprit ses sens, elle était entourée de soldats du guet, on emportait le capitaine baigné dans son sang, le prêtre avait disparu, la fenêtre du fond de la chambre, qui donnait sur la rivière, était toute grande ouverte, on ramassait un manteau qu'on supposait appartenir à l'officier, et elle entendait dire autour d'elle: – C'est une sorcière qui a poignardé un capitaine.